大学生入学教育

主　编　郑安平　徐灵芝　吕　超
副主编　李春民　刘春娥　李　丹
　　　　　邹新颖　行甜甜

中国商业出版社

图书在版编目（CIP）数据

大学生入学教育 / 郑安平，徐灵芝，吕超主编. 北京 : 中国商业出版社，2024. 9. -- ISBN 978-7-5208-3163-5

Ⅰ. G645.5

中国国家版本馆CIP数据核字第20243VT090号

责任编辑：聂立芳
策划编辑：张　盈

中国商业出版社出版发行
（www.zgsycb.com　100053　北京广安门内报国寺1号）
总编室：010-63180647　编辑室：010-63033100
发行部：010-83120835/8286
新华书店经销
三河市悦鑫印务有限公司印刷
*
710毫米×1000毫米　16开　11印张　234千字
2024年9月第1版　2024年9月第1次印刷
定价：49.80元
* * * *
（如有印装质量问题可更换）

编委会

前言

大学是一个铸造人类灵魂的熔炉，是培育人的“三观”、增长人的才干的圣地，是一个令莘莘学子魂牵梦萦的地方。当十年苦读，梦想成真之时，那种自豪、满足、喜悦之情难以言表。九月是全国各高校相继开学的时间，学子们将怀着无比激动的心情离开父母，离开熟悉的故土奔向即将就读的大学校园。丰富的教学资源、配套完善的学习和生活设施，全新的大学环境将会促成学子们完成人生最重要的一次蜕变，由一个只具有文化基础知识的懵懂少年成长为具有健全人格和扎实的专业功底，能够服务国家经济建设，具有厚重家国情怀的各类高级专门人才。

进入大学生活和学习，开启了大学生人生旅途的新征程。新的目标、新的老师、新的同学，这一切的一切令大学新生既激动又兴奋，充满了对未来美好生活的憧憬和希冀。然而，由于大学生对大学生活的陌生和人们面对不确定性事件的心理反应特征，他们与生俱来的迷惘与困惑也会相伴而生。如何尽快适应大学新环境的生活，积极主动地配合教育者实现对被教育者的培养目标，将教育者的教育计划、理念，自觉内化为自己的学习意境和目标，将成为立志成才的大学新生入校后必须尽快解决的现实问题。

为了使大学新生尽快适应大学生活，以尽量短的时间顺利完成从中学生到大学生的身份转换，充分利用宝贵的大学四年时间，少走甚至不走弯路，高效率地锤炼自己的道德品质，尽最大可能提高自己的专业素养，湖南涉外经济学院与湖南省糖酒副食品有限公司、湖南湘馨财税咨询有限公司合作，组织编写了这本教材。本教材涵盖了大学阶段的学习、交友、安全、未来规划等几个主要方面，郑安平、徐灵芝、吕超担任主编，负责全书的内容策划、稿件审定和部分章节的编写；李春民、刘春娥、李丹、邹新颖、行甜甜担任本书的副主编，分工负责本书部分章节的编写工作；刘谨、刘娥英、欧阳知涵为编委成员参与了本书的编写工作。

本书在编写过程中参考了大量的相关书籍和文献资料，在此谨向相关作者表示衷心的感谢！由于我们水平有限，书中会存在这样或那样的问题，恳请广大读者朋友批评指正。

编　者

2024 年 7 月

目录 CONTENTS

第一章　大学及我的大学

第一节　大学概述

大学是任何国家都高度关注的组织，是一个国家人才培养的根本依托。传承文化，创新文化，培养人才，科学研究等无一不需要大学。从某种意义上来说，大学的办学水平可以直接用来衡量一个国家的经济发展水平、国家综合竞争实力、国家的未来发展势头等方方面面的状况。

一、大学的内涵及发展历程

（一）大学的内涵

大学的概念是一个历史范畴，它是人类社会发展到一定阶段的产物。“大学”一词来源于拉丁文“universitas”的译名，其基本的含义是行会的意思，早在12—14世纪常常用于表示一些具有合作性质的团体，14世纪后才逐渐与“大学”结下了深深的缘分。经考证，11世纪末在西欧出现一种与初等教育有较大差别的教育机构，这种机构有自己独有的特征，如基层教学组织系（faculty）和学院（college）的设置。课程的设置也出现了一些变化，除了文化课外，还有技术专业课，规定了相关课程的考试办法，聘请了专职的教学人员和管理人员，向经考核符合条件的学生颁发被认可的毕业证书或学位证书等。从这个意义上，说近现代大学是起源于十一二世纪的欧洲中世纪大学，是比较合理的。

那么大学的内涵是什么？英国大教育家纽曼在其《大学的理念》一书中，认为“大学是一切知识和科学、事实和原理、探索和发现、实验和思索的高级保护力量，它描绘出理智的疆域，并表明在那里对任何一边既不侵犯又不屈服”。

梅贻琦先生认为“所谓大学者，非有大楼之谓也，是有大师之谓也”。即大学之大，不是楼宇之大、规模之大、校园之大，而是胸襟之大、文化之大、精神之大、德行之大、技艺之大。

蔡元培先生认为“大学者，囊括大典，网罗众家之学府也”。有容乃大，之所以称为大学，是因为有其容，容新旧思潮，容古今文化；容民族特色，容四海短长；容各学各科，容百家争鸣。

大学在古代是指聚集在特定地点传播和吸收高深领域知识的一群人的团体，现指提供教学和研究条件以及授权颁发学位的高等教育机关。

（二）大学的发展历程

1．西方国家大学的发展历程

西方国家大学的产生，最早可以追溯到公元前387年古希腊哲学家柏拉图在雅典郊区创办的第一所学校——柏拉图学院。该校教授的主要课程有算术、几何学、天文学和音乐。这所学校由于办学目标明确，课程开设适应社会需要，后来发展成为希腊乃至地中海地区的一个学术中心。公元前335年由柏拉图的学生亚里士多德在雅典创办的另一所堪称哲学研究中心的学校——吕克昂学院。这两所学校是欧洲大学的先驱，自然也是当今各种大学的雏形。

现代意义上的大学最早也是诞生在欧洲，1088年在意大利博洛尼亚建立的博罗尼亚大学，被认为是欧洲的第一所大学，因而有“大学之母”之称。这所大学的特殊之处体现在：它是先由学生组织起来，然后再招聘教师这样的一个反常的办学程序。1810年在德国由威廉·冯·洪堡（william von hunbldt）建立的柏林大学，是第一次尝试将研究和教学结合起来，并确立大学自治和学术自由原则的大学，该大学被认为是现代大学的鼻祖，被称为“现代大学之母”。这种模式在美国最早被约翰斯·霍普金斯大学效仿，现在被世界各地的大学广泛采用。

2．我国大学的发展历程

据史书记载，在远古时代我国就存在具有大学相近属性的组织，可以追溯五帝时期的成均和上庠。董仲舒曰：“五帝名大学曰成均，则虞庠近是也。”虞舜时成立上庠，“上庠”即“高等学校”的意思。郑玄：“上庠为大学，在王城西郊。”夏朝的东序，商朝的瞽宗、周朝的辟雍，都是当时位于京师的最高学府。

成立于1895年的北洋西学学堂（今天的天津大学），是中国近代史上第一所大学的萌芽。1898年由清政府创办的京师大学堂，是中国历史上严格意义讲最早的大学。1912年京师大学堂改名为北京大学。

1950年成立的中国人民大学，是新中国创办的第一所正规大学。

近百年来，中国大学经历了三次重要的调整转型：第一次调整转型是20世纪20年代，中国大学主要以美国高等教育模式为标准，以1922年新学制的颁布为标志。第二次调整转型是新中国成立后，以1950年中国人民大学的成立和哈尔滨工业大学的改革为标志，中国大学开始了对苏联高等教育模式的全盘照搬。第三次调整转型是改革开放以后，以1985年《中共中央关于教育体制改革的决定》颁布为标志，中国教育以欧美高等教育模式为主，参照世界各国大学的发展经验，踏上了建设中国特色社会主义高等教育模式的新征程。

二、大学精神

（一）大学精神的概念

大学精神是大学的灵魂，是大学生命力的源泉。大学精神是大学自身存在和发展中形成的具有独特气质的精神形式的文化成果，是大学文化的精髓和核心，是科学精神的时代标志和具体凝聚，是整个人类社会文明的高级形式。它是大学内在特质的外在体现，是大学专业水准、办学理念、人文情怀、办学条件和师生员工的理想、信念、追求等诸多因素交互作用的综合结果。

（二）大学精神的内容

由于形成大学精神的各个因素，以及各个因素之间发生作用的机理、方式、强度等不同，因而不同的大学具有不同的大学精神。然而，尽管不同的大学具有不同的大学精神，但基本的大学精神至少包含以下几个方面：

（1）自由精神。自由精神是大学精神的精髓，也是大学精神产生和发展的根基。它包括言论自由、思想自由和学术自由。耶鲁大学校长认为："只有自由探索、自由表达，才能真正发掘人类潜能。"尽管大学身处市场经济的环境中，但它仍然保留着无功利的追求，这也是大学精神能够长期传承的根本原因。大学成为人们追求真理、追求民主、追求进步的先驱，也必将成为推动社会进步的中坚力量。

（2）学术精神。19世纪德国的威廉·冯·洪堡认为："教授不是因为学生而在这里，学生也非为了教授而在这里，两者都是为了学术而在大学。"学术进入大学的殿堂，科学研究在大学工作中占据着越来越重要的地位，崇高的学术声望已成为知名大学的特定标签。一个合格的大学教师必须既是存量知识的合格传授者，又是增量知识的勇于创造者。而大学生也不应仅仅只是存量知识的被动接收者，更应该是在主动接收存量知识的同时，成为增量知识的参与者和受益者。

（3）民主精神。圣雄甘地（Mahatma Gandhi）认为："不宽容本身就是一种暴力，是妨碍真正民主精神发展的障碍。"大学是传授和创造知识的地方，只有在民主的环境中传授的知识才最有效，也只有在民主的氛围中知识的创造才能得以完成。这就要求大学的教师和学生、领导和被领导者之间要建立和谐、民主的平等关系。民主精神就是要营造一种崇尚理性、尊重事实、尊重知识、尊重人才、公平宽容、不惧权势的自由宽松的精神环境，体现大学管理中的公开、公平和公正。

（4）独立精神。王国维认为，"今后之哲学、美术家毋忘其天职而失其独立之位置则幸矣""学术之发达，存乎其独立而已"。大学之独立精神是与中世纪欧洲大学产生以来相伴而生的特性，只有大学的教师和学生都能具有独立的人格，从独立的视角探寻客观世界和人类社会问题时，才能发现真理，揭示出事物本身的内在演变规律，从而找到解决问题的正确方法。教师和学生的独立性特征是存量知识正确传承，增量知识得以创造必须具备的基本条件。

（5）创新精神。创新是一所大学存在的价值，更是一所大学发展壮大的根本。大学的创新其含义有四：一是科学研究，它通过开拓科学这个无止境的领域，取得大量开拓性的成果，培育大批科学家、发明家；二是社会发展，大学的新思想、新制度要为改造社会服务，推动社会的进步；三是人才培养，大学要把培养具有开拓创新精神的人才作为自己最根本的任务；四是大学本身，一代代学者不断根据社会发展和大学的逻辑需要来设置大学、发展大学，使大学成为时代精神的体现者。

（6）批判精神。大学是推动科学技术向前发展的重要力量，是进行科学研究的主力军。这使得大学成为一种能超然独立的机构，使大学具有其他社会机构所不具备的前沿性和引领性特征。因此，大学具备了追求真理、批判谬误、纠正错误的本能。批判精神是大学精神重要的组成部分。批判不是彻底否定，而是一种扬弃，不仅包括否定的指向，更是一种建构和完善。在以革新和创造为主题性标志的当今社会，如果没有批判，就谈不上会有什么创新，社会的进步也就停止了。这里的批判是不带任何功利色彩和世俗目的的，是根据人类社会的基本价值观念所持有的批判，是基于一定的理论根据所进行的批判，这种批判反过来会进一步促进学术的发展。

三、大学的职能

大学的职能指的是大学的功能。明确大学的功能就是要知道大学到底能干什么，这样才有利于赋予大学相应的责任，充分挖掘大学的办学潜力，提高办学效率。大学的功能是大学所固有的特质，它会随着办学环境的变化而不断发展变化。一般认为：现代大学具有四大职能。

（一）人才培养

培养人才是大学的基本职能，是大学自中世纪诞生以来就一直肩负的历史使命。大学是培养高素质人才的地方，教师、律师、医师、工程师等高级技术专业人才的培养只能通过高等教育这一途径才能够实现。为了培养高素质人才，高校应全面贯彻党的教育方针，努力实践党的二十大以来党的人才战略，培养一代又一代具有创新能力，德、智、体、美、劳全面发展的优秀人才，为党的事业生机勃勃，源源不断地输送各种专门人才。即将接收高等教育的青年学生，应当紧跟时代的步伐，明确自己的使命，把自己的前途和命运同祖国的前途和命运紧密结合起来，不断提高自己的综合素质，更加积极地投入充满好奇和挑战的大学生活中，努力学习，立志成才，肩负起党的重任和人民的重托，做合格的社会主义建设者和接班人。

（二）科学研究

大学是从事科学研究的主体之一，是推动科学技术进步的重要力量。21 世纪是信息经济的时代，随着科学技术的飞速发展，人类正面临着第三次科技革命的浪潮，这将会导致大学的形式和内容都发生翻天覆地的变化。大学将不容置疑地成为社会的智力高地和人才聚集的高地。因此，人们对大学科学研究水平的期望，将比以往任何时期都要高。不管是过去还是现在，大学已经或正在成为各国知识创新的中心和推动科技成果向现实生产力转化的重要力量，大学的科学研究逐步形成了基础研究定向化、应用研究基地化，开发研究社会化、产业化、商品化，上中下游一条龙的整合模式。

（三）服务社会

大学的人才培养目标来源于社会实践要求，大学的科学研究内容同样来源于社会实践急需解决的理论和现实问题。因此，从实践中来，再回到实践中去，就是大学服务社会的逻辑基础。大学是知识的殿堂、智力的高地，大学为政府、企业、社会提供精神动力和智力支持，这正体现了大学作为智慧动力源、知识加油站的作用。大学这一职能发端于工业、农业和社会经济发展对大学打破保守封闭传统的要求，要求大学从封闭走向开放，走出象牙塔，承担起大学的社会责任，从学术的象牙塔走向社会的服务站，为社会提供智力支持。

（四）文化传承创新

文化是民族精神的结晶，是民族凝聚力与创造力的源泉，是一个国家经济社会发展的主要支撑。党的十八大报告指出：“文化是民族的血脉，是人民的精神家园。全面建成小康社会，实现中华民族伟大复兴，必须推动社会主义文化大发展大繁荣，兴起社会主义文化建设新高潮，提高国家文化软实力，发挥文化引领风尚、教育人民、服务社会、推动发展的作用。”传承文化是高校的基本职能之一，创新文化是高校的崇高使命。高等教育与文化发展之间有着互动、双向的密切联系，高等教育对文化传承和创新发挥着不可替代的重要作用。高校要进一步在文化传承、创新方面有所作为，就应当牢牢地把握正确的政治方向和价值导向，就应当大力弘扬中华优秀传统文化，合理吸收借鉴外来文化，就应当处理好文化传承、文化创新和文化引领的关系，就应当高度重视人文社会科学在文化传承创新中独特而重要的作用，为使文化进一步成为民族凝聚力和创造力的重要源泉，成为经济社会发展的重要支撑承担起应尽之责。

第二节　我的大学：湖南涉外经济学院

一、学校发展概述

湖南涉外经济学院（Hunan International Economics University）坐落于湖南省长沙

市，是经中华人民共和国教育部批准成立的民办普通本科院校，学校先后荣获“中国民办教育创新与发展贡献奖”“中国优秀民办学校”“湖南省优秀民办学校”“湖南省十佳民办学校”“全国五四红旗团委”等荣誉称号。是湖南省“双一流”应用特色学科建设单位。

湖南涉外经济学院创建于 1997 年，原名“湘南文理专修学院”；1998 年迁至长沙市岳麓区，更名为“湖南涉外经济学院（筹）”；2000 年经湖南省人民政府批准设置为高等专科学校；2005 年，经中华人民共和国教育部和湖南省人民政府批准，学院升格为本科院校；2015 年学校通过教育部本科教学工作合格评估。2017 年，宇华教育控股学校创办方（猎鹰实业有限公司），湖南涉外经济学院正式成为宇华教育集团的一员。

2024 年 6 月学校官网显示，学校占地面积 79.01 万平方米，建筑面积 56.36 万平方米；有全日制本专科在校学生 3 万余人，教职员工 1 700 余人。

二、办学条件

（一）院系专业

2024 年 6 月学校官网数据显示，学校设有 9 个二级学院，开设了 49 个本科专业，8 个专科专业（见表 1–1）。

表 1–1　院系与专业

学院	层次	专业
商学院	本科	国际经济与贸易、会计学、金融学、国际商务、财务管理、工商管理、旅游管理、资源管理、物流管理、市场营销、大数据管理与应用、供应链管理、酒店管理
	专科	大数据与会计、工商企业管理、旅游管理、市场营销
体育学院	本科	社会体育指导与管理、表演、休闲体育
外国语学院	本科	英语、商务英语、西班牙语、日语
	专科	商务英语
信息与机电工程学院	本科	计算机科学与技术、通信工程、电子信息工程、软件工程、电子信息科学与技术、自动化、物联网工程、电子商务、机械设计及其自动化、材料成型及控制工程、人工智能、数据科学与大数据技术
	专科	电子商务、计算机应用技术

续表

学院	层次	专业
人文艺术学院	本科	视觉传达设计、汉语言文学、网络与新媒体、法学、文化产业管理、服装与服饰设计、环境设计、数字媒体艺术、产品设计
	专科	艺术设计
音乐学院	本科	音乐学、舞蹈学、学前教育
马克思主义学院	—	—
国际教育学院	本科	国际经济与贸易、金融学、财务管理、工商管理、英语
继续教育学院	—	—

（二）学科建设

学校的“应用经济学”“控制科学与工程”获批为湖南省“双一流”应用特色学科。

（三）师资力量

自 2016 年以来，有多位在教育界享有盛誉的学者担任湖南涉外经济学院校校长。学校拥有一支以博士教授为龙头、中青年教师为骨干的师资队伍。2023 年 7 月学校官网数据显示，学校教职员工 1 700 余人中，硕士及以上学位教师占教师总数的 90% 以上，教授、副教授占教师总数的近 30%，享受国务院政府特殊津贴专家 5 人。建校 20 多年，学校累计培养各类专门人才 14 万余人。

（四）教学建设

1．质量工程

据 2024 年 6 月学校官网数据显示，学校有国家级一流本科专业建设点 1 个，国家级一流本科课程 1 门；省级一流本科专业建设点 9 个，省级一流本科课程 50 门，省级课程思政示范课程 3 门；有各类实验（训）室 583 间，与企事业单位共建校外实习实训基地 221 个；省级实践教学示范中心 1 个，省级优秀实习教学基地 2 个，省级校企合作创新创业教育基地 12 个，省级大学生创新训练中心 2 个，省级大学生创新创业教育中心 11 个，省级校企合作人才培养示范基地 1 个。

2．教学成果

据 2023 年 7 月学校官网数据显示，学校获得省级教学成果奖 27 项（见表 1–2），学生在英语演讲、大数据应用能力、工业设计、独唱独奏独舞等各类学科竞赛中每年获得省级以上奖励 200 余项，毕业生就业率 90% 以上，每年有 200 余名毕业生考取研究生、公务员等。

表 1-2　省级教学成果奖一览表

项　目	奖励	年度
民办高校跨越式发展道路的研究与实践	一等奖	2004
民办高校人才培养模式的研究与实践	三等奖	2004
从学生就业实际出发努力加强大学语文教学的实用性	三等奖	2004
高职国贸专业应用型人才培养体系的优化与创新	三等奖	2004
东西方高尔夫文化交融与娱乐体育教材建设对现代人的人格塑造	三等奖	2004
高尔夫专业以课程和教学为核心的系统整合与建设	二等奖	2006
国际经贸专业实践教学的改革与创新	三等奖	2006
以能力培养为导向的国际贸易实务课程改革与实践	三等奖	2008
民办高校办学特色的探索与实践	二等奖	2010
创新课程管理机制，优化英语专业学生的课程	三等奖	2010
《大学计算机基础》精品课程建设的探索与实践	三等奖	2010
地方高校商科专业人才培养特色的探索与实践	三等奖	2010
民办高校办学风险防范机制的研究与实践	三等奖	2013
民办高校电子信息类专业创新教育体系的构建与实践	三等奖	2013
国际商务场景仿真实训体系的探索与实践	二等奖	2016
依托校企深度融合平台，构建模块化 CDIO 体系，创新培养车辆类专业应用型人才	二等奖	2016
中国传统服饰文化在服装设计教学中的应用	二等奖	2016
社会体育指导与管理专业应用型人才培养模式理论与实践研究	三等奖	2016
自由教育理念下本科院校应用人才培养的探索及在管理类专业中的实践	三等奖	2016
新建本科院校机电类专业应用技术型人才培养 134 实践教学体系构建与实践	二等奖	2019
“国际经济与贸易”专业应用型人才培养模式的研究与实践	三等奖	2019
对接健康中国战略，创新应用型体育人才培养模式的探索与实践	三等奖	2019
融合 GBL 与 PBL 教学模式的大学计算机课程分类分层体系的构建与实践	三等奖	2019
校企合作育人模式下艺术设计类专业应用型人才培养与实践	三等奖	2019

续表

项　目	奖励	年度
“互联网 +”背景下产教融合的 SPOC 混合式教学模式创新实践研究	二等奖	2020
“互联网 + 教育”背景下“三段式”在线教学模式构建与实践	一等奖	2020
应用型本科大学国际经济与贸易专业人才“三性一特”培养体系的创新与实践	二等奖	2022

3．学生成绩

2017—2018 学年，学院学生在各级各类学科竞赛中，获国家级奖励 47 项、省级奖励 149 项。其中，在第八届湖南省大学生机械创新设计竞赛中，获省级一等奖 3 项、二等奖 1 项、三等奖 1 项；在第二十三届湖南省大学生英语演讲比赛中，获一等奖 2 项、三等奖 1 项、团体总分一等奖；在湖南省第五届“三独”比赛中，获一等奖 3 项、二等奖 2 项、三等奖 4 项；在湖南省大学生日语演讲比赛中，获得一等奖 1 项、三等奖 1 项。

2024 年 6 月学校官网数据显示，学校近三学年获国家级大学生创新创业训练计划项目 85 项。

三、合作交流

截至 2019 年 4 月，学院先后与英国、美国、澳大利亚、法国、西班牙、意大利、塞浦路斯、墨西哥、哥斯达黎加、日本、韩国、泰国、马来西亚、印度、印度尼西亚、巴基斯坦等国家约 30 所院校签订了正式校际合作协议，开展师生互访交流活动，为师生“看世界，学世界，行世界”提供平台和服务。

四、学术研究

（一）科研平台

2024 年 6 月学校官网数据显示，学校有省级科研基地 4 个，省级普通高校重点实验室 1 个。

（二）科研成果

2023 年 7 月学校官网数据显示，学校教师获各类研究课题 1 200 余项，其中国家级项目（自科基金、社科基金）9 项，省部级项目 400 余项，科研进账经费 2 000 余万元。教师发表论文万余篇，其中核心以上论文 1 000 余篇。出版专著 120 余部，获各类专利 300 余项，各类软件著作权 100 余项等。

（三）学术资源

2024年6月学校官网数据显示，学校图书馆馆藏纸质文献208.41万册（含过刊合订本9.89万册），电子图书100万册，中文期刊191种。网络学术资源包括中国知网、维普资讯、超星电子图书、新东方多媒体学习库、书生之家、读秀、思政教学备课资源服务平台、百度文库思政资源服务平台、高校党建与思政知识服务平台、湖南省高校数字图书馆共享平台等。

五、文化传统

1．校徽

校徽体现湖南涉外经济学院坚实的“桥梁”理念，体现学院、学子与世界的互通融合。预示学院将建设好紧跟世界的桥梁，使学子实现对世界的认知和掌握，从而走向成功。在新校标图案里，翻开的书本、横架的桥梁、紧握的双手和有商务象征的领结，组成Logo图形的中心，再加上极具国际设计理念的盾形外框，体现了湖南涉外经济学院与世界沟通无限、成功无限的美好愿景。

Logo标识采用天蓝、深蓝相融相辅的结合。天蓝寓意像蓝天一样的高远、纯粹、无瑕、美好的愿景。深蓝，择取地球的主色调，寓意全世界、国际化，同时，深邃的幽蓝，寓意广阔的胸怀和海纳百川的气势。另外，由于深蓝色暗含“理智、效率”的气质，亦有“经济”之义。该标识的颜色寓意着湖南涉外经济学院将进入一个更高远、更广阔、更美好的国际化经济大时代。

2．校训化

校训：至善至美、自立自强。

至善至美，这是湖南涉外经济学院的目标。湖南涉外经济学院应懂得善待自己的国家，善待民族文化，善待人类之文明。“至”者，最高也；“至”者，亦通达也。“至善”者，乃向伦理之最高境界走去。“至善至美”是从更深的层次上关注创新，关注科学技术。

自立自强，是湖南涉外经济学院最重要的精神，是湖南涉外经济学院最宝贵的精神，是实现湖南涉外经济学院理想最根本的保障。自信是自立自强的核心内容。湖南涉外经济学院基于对时代的自信、对民族的自信而自信，而它拥有的最好证明便是：它能赋予自己的学生以自信，它能让自己的学生自信地走向社会，走向未来，走向世界。

3．校歌

湖南涉外经济学院校歌

作词：张楚廷

作曲：蔡延瑞、余开基

巍巍麓山，浩浩湘江；
菁菁校园，灿烂阳光；
我们放眼世界，谱写时代华章；

至善至美，自立自强；
涉外旗帜，猎猎飘扬。
学海驰骋，苍穹翱翔；
今日桃李，明朝栋梁；
我们放眼未来，铸就人生辉煌；
至善至美，自立自强；
涉外群星，闪耀光芒。

六、校园环境

湖南涉外经济学院的东十二女生宿舍是该校最新、最高、最“美”的建筑，宿舍楼外形优美，被郁郁葱葱的树木包围，前坪是涉外最大篮球场，后面是校园内有名的微澜湖。

学院的音乐学院教学楼与“女神”宿舍楼相邻，该建筑以钢琴的黑白键为外观创作灵感，搭配流线型的墙体，响应着“音乐学院”之名。

七、校友情况

自建校以来，湖南涉外经济学院涌现出众多优秀校友，他们不仅在学业上取得了优异的成绩，更在毕业后的各个领域大放异彩，展现了学生坚忍不拔和积极向上的精神风貌。

八、所获荣誉

学校在发展历程中获得了大量的荣誉，这些荣誉不仅体现了学校的教学质量和办学水平，也展示了学校在社会各界中的认可度和影响力。部分所获荣誉见表 1–3。

表 1–3　部分所获荣誉表

获奖时间	奖项名称
2006 年 10 月	湖南涉外经济学院获“湖南省十佳民办学校”称号
2011 年 7 月	湖南涉外经济学院获评全国民办高等教育优秀院校
2018 年 7 月	湖南涉外经济学院获湖南省普通话培训测试先进集体、湖南省语言文字工作先进理事单位
2021 年 1 月	湖南涉外经济学院获湖南省高校思想政治理论课教学先进单位
2022 年 7 月	湖南涉外经济学院获 2021 年度湖南省语言文字工作先进理事单位；11 月 12 日，2022 年中国大学生体育舞蹈（团体舞）线上赛，湖南涉外经济学院舞出两项全国一等奖

第三节　中学生与大学生的转换

大学新生从进入大学的第一天起就开始对大学有了与中学不一样的感觉，这种感觉既陌生又好奇，充满着无尽的想象空间。除了军训有统一要求外，其他时间自己安排，其自由度大到难以让人相信这一切都是真的。也正因为这样，更容易让大学生产生迷茫，从而失去方向而偏离上大学的初衷。如何尽快完成从中学生到大学生的身份转变，是摆在每一个大学新生面前必须亟待解决的现实问题，这个问题解决的快慢和转变的质量，将直接决定非常短暂的大学四年时间是否得到了充分的利用，专业知识的功底是否打造得扎实，综合素养的提高是否达到了培养目标的要求。

一、大学与中学的区别

大学和中学是人生中具有本质区别的两个阶段，它们在我国整个教育体系中具有不同的地位，承担着不同的责任。因而它们在培养目标与培养模式、培养环境和培养条件、培养的要求与评价标准、培养的数量与质量、培养人才的内容与要求等方面都存在着重大的差别。知晓这些差别，正确认识这些差别，才能积极主动地高效调整自己适应大学生活的能力，圆满地完成大学的学习任务，无悔地度过人生精彩而又关键的大学生涯。

（一）培养目标不同

中学教育是文化基础教育，而大学教育则是专业技能教育。中学教育的目标是为国家建设培养具有一定文化基础知识和基本人文素养的后备人才，他们中的一部分人毕业后直接进入社会，成为国家建设的现实劳动力；另一部分人则通过高考进入大学继续学习。而大学教育的目标则是为国家建设培养某一领域的高级专门人才，大学侧重于专业技术教育，是为学生将来走向社会从事某项职业而展开的专业教育。同时，大学阶段也是青少年世界观、人生观、价值观形成的绝佳时期，大学将承担培养青少年形成正确的世界观、人生观和价值观的重任，为国家培养一代又一代符合社会主义核心价值观的建设者。

（二）学习的内容不同

中学的学习内容，仅限于文化方面的基础知识和一些常识性的基础知识，其目的是为走向社会或进一步深造打下一个良好的基础。因而其学习的难度不是很大，学习的方法也较简单，只要用心听课，完成一定的练习，基本就能达到教学目标。中学所学的识记性的知识较多，也较简单，理解性运用性知识较少。再加上中学需要掌握的知识体系的课程门数也不太多，这就决定了中学学习的基础性、简单性特征。大学的学习内容比较广泛，既包括专业课，又包括通识课，专业课里面又分专业必修课和专业选修课；通识课里面又分通识必修课和通识选修课等。课程体系结构复杂，内容广泛。不同的课程其学习的难度、学习的方法、学习的要求等都不相同。这就决定了大学学习的职业性、复杂性特征。其目的是培养综合素质高、动手能力强的高级技术专门人才。

（三）学习方式不同

中学的教学活动一般由老师决定，一天当中从早自习开始到晚自习结束，学生学些什么、学多少内容，老师都有具体的安排和要求，学生能按老师的要求完成每天的教学任务就很不错了，这种学习方式基本属于被动式学习，完全是奔着应试教育来的。而大学的教学活动则与中学的教学活动存在重大差别，大学的教学活动分课内和课外两部分活动，在课内任课老师讲课的特点可以归纳为精、少、快，主要讲知识的梗概，大量的内容会留给学生课外去学习补充和完善。学生在课外自学能够把任课老师在课内讲授知识的梗概补充完善到什么程度，完全决定于学生自己，没人检查，没人监督。虽然中学的教学活动也可分为课内和课外两部分活动，但中学在课内任课老师讲得慢，内容讲解详细，还经常进行阶段性考试检查；在课外教学活动中，学生需要完成老师布置的作业，这些作业所起的作用则是进一步强化学生对课内教学活动所学知识的强化和加深理解，因而属于课内教学内容的延伸。

（四）评价体系不同

由于中学和大学对培养学生目标的不同，必然会导致对所培养人才的评价体系存在差异。中学教育的目标是为国家建设培养具有一定文化基础知识和基本人文素养的后备人才，而检验一个人是否掌握了一定文化基础知识和基本人文素养知识的最简单方法就是让其参加考试，因而考试成绩就成了中学评价学生的主要标准。大学教育的目标则是为国家建设培养某一领域的高级专门人才，而对人才的评价标准必然是多元的、多视角的立体评价体系，既包括文化基础知识和专业基础知识掌握程度的测试，又包括在此基础上形成的应用能力和创新能力的测试，因此评价高级专门人才的标准就不再仅仅是考试成绩，而是包括考试成绩在内的立体分层的指标体系。既有定性指标，又有定量指标；既有素质指标，又有能力指标；既有智育指标，又有德育指标等。

二、转换中存在的主要问题

从中学生到大学生身份角色的转换期是一个人人生发展历程中的关键期之一，也是一个人进入社会前学习准备期的重要节点，了解转换过程中可能存在的各种问题，做到未雨绸缪，早做预案，可以极大地缩短转换期的时间，提高转换效率。

（一）失落感的产生

中学生想象中的大学是浪漫而完美，且具有诗情画意的。大部分同学在接到大学录取通知书的那一刻起，对所入读的高校就开始浮想联翩：风景如画的校园、宽敞明亮的教室、设施齐全的宿舍、鳞次栉比的高楼、现代化的实验室、学富五车的教授、朝气蓬勃的同学……然而，当新生入学后发现，现实的校园并不完全是他们想象中的状况，寝室一食堂一教室是绝大多数同学每天不断循环往复的生活轨迹，理想与现实的落差直接导致了新生的心理失衡，焦虑、困惑、徘徊、无助等情绪油然而生，莫名的失落感也如影随形。

（二）自信心面临考验

由于中学生到大学生的身份转变导致的对其评价标准的改变，也给大学新生带来了相应的问题。从"唯分数论"标准到"综合能力"标准的全面转变，促使部分大学新生一时难以适应。那些中学时在当地成绩比较好的学生来到大学后发现，强中更有强中手，比自己学习成绩好的同学大有人在，昔日在中学时那种"别人家孩子"的感觉已成过眼烟云；除了学习成绩以外，大学生的评价标准还有道德品行、社交能力、文体特长、组织能力甚至身材容貌等，一些唯有学习成绩好的大学新生面对如此多的标准显得无力应对，失落感倍增；特别是一些来自农村、山区、边远地区的大学新生，由于家庭经济状况、生活习惯、信息获取的渠道、社会关系等因素的影响，更容易自我封闭，产生自卑心理。因此，有一部分新生在特定的时期内、特定的条件下会产生自卑心理，自信心面临考验。

（三）新的生活环境不适应

进入大学后新生面临的第一个变化就是生活环境的改变。不同的同学来源于祖国的四面八方，由于地域的差异，生活习惯、民族特性甚至语言都不相同；进入大学后，生活方式也发生了根本性的变化，由原来父母的包办制家庭环境过渡到了自主制的集体生活环境。生活环境和生活方式的转变，使他们遇到前所未有的困难从而感到茫然和不适应。孤独感也会油然而生，想家、思念父母、眷念已往的生活，严重者可能出现茶不思、饭不想的状态，心理方面也可能会出现焦虑、抑郁、敌对等不良情绪，严重者会影响心理健康。由于存在不良的心理问题，一些学生还会表现出不良的生活习惯，诸如睡懒觉、打牌、打游戏、沉迷于网络看短视频或交友聊天等，宝贵而短暂的大好时光都浪费在娱乐消遣活动中，久而久之对学习逐渐失去兴趣，从而虚度美好年华。

（四）新的人际关系不适应

青春期的大学新生，自尊心特别强，为了满足被肯定、被认可的心理需要，常常渴望从同辈（同学）或长辈（师长）那里得到赞许。特别是离开家乡缺少了昔日的老朋友，心理上急切企盼结交新的朋友来填补这一空缺，但由于青春期的叛逆心理作祟，他们常常是所想并非所言，所言又并非所行。心里十分需要结交新的朋友，但行动上却表现为极度的排斥。这无形中增加了与同学进行沟通和交流的难度，阻碍了与同学建立良好人际关系的进程。此外，除了主观因素外，一些客观因素的存在也严重制约了大学新生快速建立起良好的人际关系。例如，同班级和宿舍里的同学分别来自不同的地域和不同的家庭，他们在思想观念、价值标准、生活方式、生活习惯等方面都存在着明显的差异，同学之间存在一定的隔阂，而要跨越这一沟壑，建立起良好的人际关系需要一定的时间。

三、如何解决身份转换中的问题

如何能尽快且有效解决大学新生在身份转换中存在的问题，关系到他们能否成才，能否学有所成，能否达到培养目标。同样既关系到国家的利益，又关系到大学新生本人的切身利益。这就要求学校和家庭、教师和学生紧密配合，齐心协力，为了一个共同的目的而不遗余力。

（一）大学新生如何解决失落感的问题

失落感的产生源于想象与现实的落差，落差越大失落感就越强，落差越小失落感就会越弱。因此，失落感强就意味着大学新生对所就读的高校想象得比较好，而实际情况没有想象的好。造成这种现象的原因是多方面的：一是人们对所向往的事物都寄予了一定程度的浪漫情怀，是一种较理想化的推断或希望，这本身就不太客观，是既来源于客观而又高于客观的一种主观臆想；二是人们对所向往的事物的了解，基本上是通过媒体所发布的宣传资料，而宣传资料对于好的方面会讲得多一些，不好的方面会相对讲得少一些。那么大学新生如何解决失落感问题呢？一是实事求是。尊重事实，接受现状，想象与现实的差异并不是我们学有所成的绊脚石，是我们成才的外因而不是内因，起决定作用的是内因而不是外因。二是树立看问题的辩证观，正确看待宣传资料和所有从间接渠道获取的信息，理解宣传资料等的特征，洞悉间接信息的不足，坚持实践是检验真理的唯一标准，以事实为准绳。

（二）大学新生如何通过自信心面临的考验

大学新生自信心受到考验源于由自信心满满变得没那么自信了。造成大学新生自信心面临考验的原因主要来自三个方面：一是评价标准由“唯分数”的分数标准，变更为“综合能力”的能力标准；二是评价内容由单一的“考试成绩”一项内容，变更为“考试成绩＋各种能力”的多项内容；三是大学新生来自的地域、家庭、民族等。那么大学新生如何通过自信心受到的考验呢？一是按照能力标准重新给自己定位，正视差距，查漏补缺，重建自信。实事求是地接受自己的不足，扬长避短，并持之以恒，持续改进；二是克服非自身原因导致的自信心不足，比如地域、家庭、民族等因素，这些因素是不能由自己选择或者努力就可以改变的，只能接受。但要辩证地看待这些因素，在看到它们不利一面的同时，也要看到它们有利的一面，也许它们正是促使我们砥砺前行的强大动力，正所谓置之死地而后生，英雄不问出处；三是要制定自己切实可行的人生目标，且长期目标与短期目标相结合，学习目标与职业目标相统一。只要我们能确立一个适合自己的目标，且能一直持之以恒地坚持下去，就会有行动的方向和动力，就会充满信心和活力，就能如愿以偿地实现自己的理想和目标。

（三）大学新生如何适应大学新的生活环境

大学新生对大学新的生活环境不适应，主要是由于其生活环境发生了重大的改变：一是客观环境发生了根本性的变化，如吃的食品、住宿条件、活动场所、校园环境等，同学、老师等与在家乡读中学时相比都存在程度不同的差别；二是主观生活环境发生的变化，在家乡读中学时生活上的事务全部由父母包办或委托老师代办，基本处于“一心只读圣贤书”的状态，而在大学由于远离了父母，生活上的事则全部由自己承担。大学这种新的环境变化，必然会给新来乍到的大学新生带来不适，那么如何解决这一问题呢？一是正视现实，适应环境。俗话说“适者生存”，从人类发展史可知，人的环境适应能力是很有弹性的，无论环境有多恶劣，人类都生存了下来延续到了今天。因此大学新生要正确认识大学这一新环境，正确摆正自己与环境之间的关系，充分利用环境有利的因素，尽量限制环境因素不利的影响。二是要积极主动、有意识地学会独立生活，提高对生活的自理能力。要学会管理时间，运用系统方法筹划一天应完成的工作和时间的合理匹配。要学会管理资金，量入为出，优先保证生存支出，其次保证学习需要，最后是其他支出。

（四）如何处理好大学新的人际关系

大学新的人际关系的特点是初次性、复杂性、单纯性等。

初次性就是大学新生与就读大学师生员工之间的人际关系，是以前不存在的，一张白纸好画最新最美的图画，相互之间没有一丝一毫的爱恨情仇，这是建立良好人际关系的基础。但任何事物都是一分为二的，初次的人际关系建立虽然有有利的一面，但也有不利的一面，那就是对初次人际关系的另一方是完全不了解，根据人的特性，人们对完全不了解、非常陌生的人或事是恐惧、多疑的，这就会阻碍良好人际关系的建立。

复杂性就是大学新生与就读大学师生员工之间的人际关系，是个别之间的人际关系与整体之间的人际关系，是非线性的，即不能通过个别之间的人际关系来认识整体之间的人际关系。这就给大学新生在大学建立新的人际关系带来了困难。

单纯性就是大学新生与就读大学师生员工之间的人际关系是基本无利益关系，仅仅是单纯的学员关系。这为大学新生建立新的人际关系提供了重要的施展平台。

那么大学新生如何才能建立起新的良好人际关系呢？

（1）要学会包容别人。大学生活以群体性生活为主，上课是一个班的同学在一起，下课回寝室是一个寝室的同学在一起，开展活动是至少一个小组的同学在一起，单个人生活的时间和机会少之又少。而不同的人由于生活环境不同，他们之间在生活习惯、道德修养、心胸宽窄、文明程度、情绪管控、个人卫生等方方面面都会存在很大差别，这是客观事实。当这样的一群人生活在一起的时候，相互之间的磕磕碰碰、各种矛盾的发生就无可避免。如何解决这一矛盾，采用什么方法和态度解决矛盾就体现我们的道德修养、文明程度和智慧高低了。首先是要尊重对方，对方的行为如果影响到了你，而影响到你的是习惯性（不是故意的）行为，那么这一影响行为是可以谅解的，因为他不是故意的，只是一种习惯，这种习惯对于他来说，是久而久之习惯成的自然，他自己并不会意识到影响到了你；其次是在充分尊重对方人格的基础上善意地向对方委婉提出改进建议，一次不行就两次，两次不行就三次，要有耐心，因为江山易改，本性难移，人家十几年形成的生活习惯，不要指望一朝一夕就可以改变过来；再次是自己要作一些适当的调整，以利于矛盾的很好解决，因为产生矛盾一定是双方都有问题，因此绝不能按自己的标准要求人家改，如果是这样，矛盾不仅不能解决，可能还会越积越深，因为只有以自我为中心，自私的人才会完全按自己的标准来要求人家改。

（2）要主动与他人交往。大学新生要想建立良好的、新的人际关系，除了要包容别人外，还需要主动与人交往。为什么需要主动与人交往呢？首先，陌生人之间初次接触都怀有“面子情绪”，即碍于面子谁都不愿意先跟对方打招呼，基本趋向于选择处于被动立场较普遍。这样建立新的、良好的人际关系，耗时费力，效率不高。其次，是为了广交朋友，拓展人脉的需要。在相同的时间内，主动与人结交比被动与人结交所结交的人数要多很多，相对来说所结交的优质人力资源也要高很多。最后，主动与人交往还会给人留下热情、大方、阳光、活泼、谦虚、懂礼貌等好感，为建立更广泛的新的人际关系打下坚实的基础。

（3）建立新的人际关系还要讲究技巧。大学新生要想建立良好的、新的人际关系，除了要包容别人，需要主动与人交往之外，在与人开始建立人际关系时，还需要特别讲究交往技巧。这是因为，不同的人对建立人际关系有不同的需求、不同的态度、不同的认识欲，也显示出不同的特点。因此对不同的人在与之建立人际关系时，首先，要作一些基本的调查研究，对其基本情况有一定的了解，做到心中有数，有的放矢。其次，尽量做到一人一策，提高人际关系的质量。最后，就是良好的人际关系应该是常建常新，精心维护，共同珍惜。

第二章　大学学习

大学是人们接受高等教育的地方，大学生首要和最重要的任务是学习。大学学习是大学生进入社会前最后一次可以将大段时间用于系统性地接受教育、全心地建立知识基础、集中精力充实自我的人生阶段；大学不仅传授给学生比较完整的专业知识，还要培养学生走向社会的工作能力，关系着大学生今后的发展和前途。大学阶段的学习与高中阶段的学习相比，在学习内容、学习方法等方面发生了较大变化，没有了高中紧张而又充满竞争的气氛，却又不失挑战和趣味；大学的学习不再枯燥乏味，充满了无限的选择，各种各样的学科专业、实践创新，有时会让人不知所措，学习什么和如何学习会使人有些茫然。大学新生要获得学习上的成功，就要理解学习的真正含义，运用学习理论化解学习中的困惑，适应学习的变化，将主要精力投入大学学习中，释放自己的潜能，在多样化的学习生活中全面提升自身综合素质和创新能力。信息时代的到来，影响和改变着人们的思维方式和生活方式，“十年寒窗，终身受用”的观念已被新的时代淘汰，终身学习已经成为人类生存的基本条件，不会学习就意味着被淘汰。新生一定要尽快实现从中学学习到大学学习的转变，积极学习，主动学习，创造性地学习；学习新知识，学习新方法，与时俱进，跟上时代的发展需要。

第一节　大学学习的基本内涵

大学学习是每个人成长的关键阶段，对人的一生意义重大、影响深远。当今的大学教育侧重于大众化、综合化，侧重于综合能力的培养。大学生要理解学习的真正含义，掌握大学学习的新特点，树立现代学习观；采取正确的学习方法，有效学习，提高技能和综合素质，实现全面发展，从而圆满地完成大学学业，为适应社会需要和促进社会发展奠定坚实的基础。

一、大学学习的含义

“学习”一词，是“学”和“习”复合而组成的词。孔子说：“学而时习之，不亦说乎？”“学”就是闻、见，是获得知识、技能，主要是指接受感性知识与书本知识，有时还包括“思”的含义在内；“习”是巩固知识、技能，一般有三种含义：温习、实习、练习，有时还包括“行”的含义在内。“学”偏重于理论，“习”偏重于实践。学习就是获得知识、形成技能、培养聪明才智的过程，实质上就是学、思、习、行的总称。

大学学习不仅是研读书本上的知识，更多的是投身到大学这个集体，跟老师学、跟同学学、跟竞争对手学，人人都有值得学习的地方。大学到底学习什么？大学校园里的学习，一是获得知识和技能，二是发展智力及能力，三是形成良好的思想、品德和行为习惯，学会找到一条适合自己的、更好的成才道路。

二、大学学习的特点

上了大学，你会发现大学和中学的学习有很大的不同，其中最主要的是学习内容和学习方法发生了很大变化。大学生区别于非大学生最根本的一点便是大学生应具有系统、深入、独立、主动分析问题的能力。大学阶段的学习与以往任何阶段的学习相比较都有很大的区别，掌握大学学习的典型特点，尽快适应大学的教学规律，才能更好地适应大学生活。具体而言，大学学习具有以下几个特点。

（一）专业性

我国教育的目的是培养德、智、体全面发展的人。在教育目标的实现过程中，中学和大学担负着不同的任务，教育的具体对象、内容、方法、要求，存在着由小到大、由浅到深、由简到难、由低到高的层次差异。大学阶段的学习是高层次的专业性学习，学校的课程设置围绕培养目标和专业特点进行安排。每个大学生进入校门之前，都要根据自己的兴趣、爱好、特长选择不同的专业方向。步入大学后，要在专业定向的基础上学习基础课程和专业课程，把自己培养成未来社会的教育家、军事家、金融家、科学家、工程师、经济师、会计师、农艺师等各种专门人才。因此，大学教育的目标是培养高层次的专业人才。大学阶段的学习是在专业定向基础上的学习。

（二）开放性

相比初高中教育，大学教育无论是从教育者还是从受教育者的角度来说都具有较强的开放性。知识不拘泥于教材与书本的内容，更多的是与社会结合，需要教师和学生了解和掌握的东西跨度大、面广。大学的学习主要是在师生之间与学生之间进行。在传授和接受的教学过程中，教师和学生的关系是相互联系、相互依赖、相互补充、教学相长的。同时，大学的学习更加社会化，在学习内容以及学习方法上，都必须反映社会的要求，与社会发展水平与发展趋势相一致。而社会是一个开放的、动态的社会，所以学习必然就带有非常明显的开放性特征。

在大学学习的过程中，相比从前的阶段，学习的时间和空间限制性少了，自由度大了，同时获取知识的手段和途径更加多样化。网络时代的到来和网络技术的突飞猛进，给传统社会带来了翻天覆地的变化，大大影响了学生原有的知识接收途径与形式。网络的开放性和互动性，也使网络资源逐渐演变成了一种越来越重要的信息与知识来源渠道。

（三）实践性

掌握知识的最终目的在于运用，获取知识就是为了认识世界和改造世界。实践是客观的活动、能动的活动，是受社会历史条件限制的活动，也是变革现实的活动。政治、经济、教育体制改革等都是实践活动，参与这些实践需要学习，学习也只有应用于这些实践，才能真正地发挥作用。

人类实践活动需要不断地提出新课题，人们正是在不断地提出和解决这些新课题的过程中学习新知识，同时思维也不断向前发展。正如恩格斯所说的："人的智力是按照人如何学会改变自然界而发展的。"由此可见，学习是有任务和使命的，学习知识、接受知识，必须开展实践、发展思维，更要重视实践，因而大学的学习与生活就是一个不断实践的过程，具有实践性的特点。

（四）自主性

大学学习与中学学习截然不同的特点是依赖性的减少，自觉性的增强。大学教育更加注重学生自我学习能力的培养与提高，教育的专业性很强，知识的深度和广度比中学有很大扩展。大学生的学习虽然按照教师的要求进行，但是不像中学生那样绝大部分时间是被动地完成教师布置的任务，而是有相当大的自主性。教师课堂讲授往往是提纲挈领式的，教师在课堂上只讲难点、疑点、重点或者是教师最有心得的一部分，少而精，其余部分就要由学生通过自学去攻读、理解、掌握，这势必要求大学生通过课外自学掌握更多的内容。大学生自我支配的时间较多，这就决定了他们要有较强的自学能力和计划能力，合理安排好自己的学习时间。所以，培养和提高自学能力是大学生必须完成的一项任务。大学的学习不能像中学那样完全依赖教师的计划和安排，只单纯地接受课堂上的教学内容，而是必须充分发挥主观能动性，发挥自己在学习中的潜力。这种充分体现自主性的学习方式将贯穿大学学习的全过程，并反映在大学生活的各个方面，如学习的自主安排、学习内容和学习方法的自主选择等。此外，学生进校后通过一系列的职业生涯规划等活动，主动思考如何合理规划大学四年，确立新的努力与进步方向，在大学学习与生活中主动实践、不断反思、逐步修正，锻炼自我修为，提高个人自主性。

大学学习的自主性是大学学习特点的一个重要方面。每个大学生自学习惯的养成在很大程度上决定了他能否学好大学的课程，而且影响到大学毕业以后能否不断地吸收新的知识，进行创造性的工作，为国家作出更大的贡献。因此，增强学习自主性，培养和提高自学能力，是大学生必须完成的一项重要任务，也是进行终身学习的基本条件。

（五）创造性

知识是人类社会历史经验的总结，接受知识和经验是人们学习的主要任务，也可以说接受知识、充实知识是人类生活的必需。但知识的掌握程度，并不意味着一个人智力或思维能力的高低，因为思维的发展是在掌握和运用知识、技能的过程中完成的，离开了学习和训练智力、思维便缺少形成的“中介”。学习过程是一个具有选择性、批判性和创造性，充满活力的创新过程。创造精神、创造能力不是与生俱来的，而是在学习与生活的过程中逐步形成的。学习的创造性特点，促进了科学技术的进步和社会的发展。

（六）批判性

大学学习与高中不同，高中学习的基本上是定论的东西，学生以知识接受为主要学习方法，而大学教师除了传授一些定论的知识外，还会向学生介绍学科的发展前沿，介绍有争议的知识。因此，学生不是被动地接受知识，不是以老师说的就是真理，学生需要学会独立思考，学会带着质疑的眼光和批判的精神来吸收知识，而不只是跟着老师走。即使是一些最司空见惯、最习以为常的现象，也有值得质疑的地方，因此，学生要善于用批判的眼光去学习。当然这个转变也是需要时间的，就好比当惯了听众，突然要变成演说家，难免一时语塞，但不要害怕，要勇敢地去尝试表达、尝试质疑。对每一个知识点，都应当多问几个“为什么”。一旦真正理解了理论或方法的来龙去脉，大家就能举一反三地学习其他知识，解决其他问题，甚至达到无师自通的境界。

（七）合作性

《礼记》中说“独学而无友，则孤陋而寡闻”，许多同学也认为“大学就是大家一起自学”，是有一定道理的。如果说，高中的学习更多的是一种竞争性学习，大学的学习则可以说是一种合作性学习。一方面，大学涉及的学习内容异常广泛，一个人的精力毕竟是有限的，因此大家互相分享彼此的学习收获，从而凝聚大家的智慧。另一方面，大学的许多学习任务是需要大家合作完成的，尤其是一些实践性的任务，需要大家分工合作才能完成，因此，同学们要养成合作的习惯。

斯坦福大学一位校长说过：“同学之间的相互学习往往比老师的教导更珍贵。”确实，大学老师的工作压力大，需要处理的事务多，他们没有过多的时间跟学生进行交流，而学生朝夕相处，都是同龄人，相似的成长经历和面临的类似目标，更容易使大家产生共鸣。

大学学习是专业的学习、自主的学习、开放的学习，是创造性、合作性的学习和全面提升完善的学习。大学生必须早日掌握学习的主动权，尽快实现由接收型学习向接收型和创造型相结合学习的转变；由教师指导下的学习向自主学习的转变；由“要我学”向“我要学”的转变。要结合自己的实际情况逐步摸索出一套适应大学学习特点的学习方法，变被动为主动，以取得事半功倍的学习效果，为将来走向社会打下坚实的基础。

三、大学学习的目的和意义

《大学》开篇就说：“大学之道，在明明德，在亲民，在止于至善。”大学的目的在于弘扬光明正大的品德，在于使人弃旧图新，在于使人达到最完善的境界。当今的大学之中，我们学习的目的首先在于树立正确的人生观、价值观，培养优秀的品质，这也是社会对学生最根本的要求；其次是创新，包括学术上与思想上的创新，因为创新是民族进步的灵魂。最后是培养追求卓越的精神，天行健，君子以自强不息，每个人都应当追求这种积极向上的精神。当然，这个时代又比以前复杂了很多，时代赋予了今天的大学学习一些新的意义。

（一）大学学习是人生发展中最为关键的阶段

开展好大学阶段的学习，对于一个人的发展具有重要的意义。大学的学习是对无限知识的探求。从高中升入大学，意味着一名学子学习之路的延伸，大学不是可以停下歇脚的港湾，大学学习是一个新的开始，是探索知识、追求真理的过程。大学的学习内容更加丰富，不仅包括基础学科的学习，还有专业课程的学习，涉及自然科学、历史、语言等人文科学，以及经济、管理、社会、法律等社会科学，能够系统化地构建学生的知识结构。大学的学习，是遨游在知识海洋中对未知的探索。

（二）大学学习是培养自我学习和终身学习能力的基础

现代社会信息传播迅速，知识日新月异，一个人大学阶段学习的知识往往难以满足不断发展的社会需求。这些都要求个体具有较强的自我学习和不断学习的能力，来适应社会对个体提出的终身化学习的需要。大学阶段，学习更加自主，学习时间、学习空间更加开放，这些都有利于大学生自主学习能力的培养，进而养成终身学习的观念，适应社会的不断发展与变化。

（三）大学学习是收获职场所需技能的重要途径

随着社会分工的不断深化和细化，职场岗位设置越来越专业，岗位要求越来越明确，岗位职责越来越精细，一个人只有具备职场岗位所需技能，才能胜任工作。大学的学习，正是培养学生获得职场技能的有效途径。随着大学专业设置的细化，专业种类越来越全面，不仅有社会大量需求的专业，也有在社会发展中产生新需求的专业。随着对专业知识的不断学习，大学生慢慢具有了了解专业前沿的机会，掌握了大量工作所需的基本技能，并经过实习、实践等环节的锻炼，能够与职场所需紧密结合。

（四）大学学习是人生观与价值观形成的基石

大学阶段是一个人世界观、人生观、价值观形成的重要时期，也是个人发展的黄金时期。在大学的学习，不仅会收获知识，同样为学生提供了与专家、学者、教授、社会知名人士接触的机会，思想启迪的讲座、国内外形势与政策的讲堂、职业生涯规划的课程等，都深刻地影响着学生的思想，随着思想的不断碰撞，对于个人、社会的看法会产生固化的认识，最终形成大学生为人处世的方法与准则。

总之，大学是进行集中学习的难得时机，大学生应该充分把握大学的学习时光，充实自己，努力把自己塑造成为一个有思想、有能力、有理想、有价值、有前途的合格的大学毕业生。

第二节　大学学习的内容、方法与要求

大学学习，与其说是学知识，倒不如说是学方法，掌握科学的学习方法对大学生来说是很重要的。中国近代力学奠基人之一钱伟长院士曾对大学生说：“一个青年人不但要用功学习，而且要有好的、科学的学习方法。”要勤于思考，多想问题，不要靠死记硬背。学习方法对头，往往能收到事半功倍的成效。大学生进入大学后碰到的一个普遍问题，就是学习方法的不适应。他们习惯了在被动中接受知识的学习方式，进入大学后，面对生活上的自理、学习上的自主、管理上的自治等有很大自由度的环境时，他们往往会感到无所适从，学习成绩明显下降。因而大学生应该尽快更新学习观念，摸索出一条适合自己的、科学的学习方法，更好地发挥智慧和才能，才能事半功倍。

一、大学学习的内容

在大学，知识的范围是非常广的，和高中时代完全不一样，绝不仅仅限于数理化。那么，大学应当学习什么？具体来说可分为通识知识和专业知识。

（一）通识知识

通识教育是高等教育的组成部分，是所有大学生都应接受的非专业性教育。随

着现代科技向高度分化、高度综合的方向发展，出现很多交叉学科、边缘学科，社会需要后劲足、反应快、适应能力强的人才，需要高等教育从根本上改变学生知识结构单一的局面，加强通识知识的学习已成为当今世界高等教育改革的共同趋势。

目前，对大学通识知识的理解泛指专业知识以外的所有课程知识。在我国大部分普通高等院校的人才培养方案中，课程体系一般分为公共必修课、专业基础课、专业课（包括专业必修课和专业选修课）、公共选修课等几大类。从课程结构上，通识教育课程通常被理解为公共必修课和公共选修课的课程组合。从课程教学形式上，通识教育课程也可分为正式通识课程与非正式通识课程。正式通识课程是指以学科或教材形式出现的，通过文本课程以及课堂教学来达成通识教育目的的通识课程。非正式通识课程是指通过广泛开展社会调查、社会实践活动、校园文化活动，研究校园环境、社区环境、校园景观，学习校园文化、学校传统、军训等内容来达成通识教育目的的通识课程。

1．公共必修课

公共必修课是任何专业的学生都必修的课程，是培养学生德、智、体全面发展的必要课程，是学生学习知识、进行思维训练、基本技能训练、培养能力的基础，也是学生提高基本素质以及学好专业技术课程的基础。一般包括思想政治理论、大学英语、计算机基础与应用、数理基础、体育、军事理论等课程，从课程评价看，公共必修课一般由全校统一要求并进行统一考核，只在文科生和理科生之间有些许的差别。

大学里的学习目标是在德、智、体全面发展的前提之下，掌握更加精深的专门知识，养成奋发进取的科学研究素质，成为高层次的专门人才。因此，大学生必须努力学习思想政治理论，以先进的政治理论武装自己；必须重视英语和计算机“两翼”基础课的学习，坚持四年学习不断线，努力提高英语综合应用能力和计算机软件技术能力，提高今后在社会工作中的竞争力。

总的来说，大学生对公共必修课的学习积极性普遍不如专业课，有相当一部分学生持消极应付的态度，学习目的不明确，学习态度不端正。如果说大学是一个学习和进步的平台，那么，这个平台的地基就是公共必修课，它是大学里的基础课程。在大学期间，同学们一定要学好基础知识，在科技发展日新月异的今天，应用领域里很多看似高深的技术在几年后就会被新的技术或工具取代，只有对基础知识的学习才可以受用终身。另外，如果没有打下好的基础，大学生也很难真正理解高深的应用技术。因此，大学新生要端正态度，要充分认识到公共必修课的实用价值及对自己的意义。

2．公共选修课

公共选修课覆盖面较广，一般包括人文科学类（人文、历史、哲学、宗教、语言、中外文化）、社会科学类（法学、社会学、心理学、经济管理、心理健康）、自然科学类（数学、物理、化学、天文学、地球科学、生命科学）、工程技术类（信息技术、工学）、体育艺术类（体育、音乐、舞蹈、美术、艺术设计）、教师教育类六大类别，每个类别中建设若干门精品通识课程。从课程评价看，公共选修课一般面向全校学生，采用任选或限制性的选修方式，考核方式灵活多样。

公共选修课的特点是涵盖人类知识的主要领域，并关注学生的主体意识。课程设计重视多种多样知识的融会贯通，以培养学生整合多种知识的能力，吸取人类多种文化的精华，并通过知识和能力的培养，使人的智慧、道德和身体和谐发展。学生通过对公共选修课的学习，能够建立比传统知识结构更为宽厚、合理的知识结构，拓宽知识面，达到多学科知识平衡和跨学科知识综合的程度，提高综合素质，增强适应社会发展的能力，培养现代社会所必需的、基本的、多样的能力，并进而养成健全而和谐的人格。

公共选修课知识是高校文化素质建设的重要内容，是高等教育课程体系的重要组成部分，也是培养大学生综合素质和提高创新能力的重要环节，在提高学生综合素质和拓宽知识面、完善知识结构方面有着非常重要的作用。当今科技前所未有的迅猛发展和社会对人才要求的不断提高，对大学的学习也有了更广泛的要求。公共选修课在教学中的地位和作用也越来越受到重视。大学在进行专业教育的同时，还要兼顾到适应科技发展现状和社会对人才综合性知识要求的特点，根据自己的能力、兴趣和爱好，选修其他课程，扩大自己的知识面，以增强毕业后对社会的适应性，为毕业后较快地进入工作状态打下良好的基础。

综观世界著名大学，麻省理工学院在建校之初就大力发展人文教育。第一任校长威廉·B. 罗杰斯在 1865 年说过，麻省理工学院要让学生有足够的综合知识和素质，包括自然科学学科、现代语言学科以及心理学和政治学，让学生对社会有足够的适应能力。因而，麻省理工学院在专业教育之外，为学生提供了关于历史、语言、文学、经济等人文社会科学的教育，加州理工学院的办学宗旨是让学生接受均衡的教育，对在校生进行完备的人文教育，不论学生的未来发展方向或专业是什么。在校生想要顺利毕业获得学位，必须修够至少 12 门人文社会学科课程。

（二）专业知识

专业知识是指一定范围内相对稳定的系统化的知识，是被人类的先哲们系统化地总结起来的科学的做事方法，分门别类于各个领域和行业。专业知识是一种潜在的力量，只有专业知识被有计划和有目的地组织起来，得以运用，才能转化为力量。

大学阶段的学习是高层次的专业性学习，学习内容更加强调精深，在广博的基础上求专长。大学教育具有最明显的专业性特点，每个大学生进入校门之前，就要根据自己的兴趣、爱好、特长选择不同的专业方向。步入大学后，大学学习的内容基本是围绕着某一门专业的学科知识来安排的，要在专业定向的基础上学习基础课程和专业课程，把自己培养成符合未来经济社会发展需要的各种专门人才。在大学学习中，扎实的专业知识是涉猎和拓宽知识面的基础，大学生的专业知识水平决定了他的竞争力和社会价值。大学生必须了解和掌握本专业坚实的基础知识和形成宽厚而丰富的专业素养，必须具有从事本专业科学研究的较高水平。

大学的专业知识学习主要包括专业基础课程和专业课程（包括专业必修课和专业选修课）的知识学习。

1．专业基础课程

专业基础课是抽象性、实验性、专业性和实用性较强的课程，是学生学习专业课的先修课程，是基础课向专业的深入，又是专业课程的理论基础。主要研究关于自然界、人类社会的一定的复杂因素，并进行综合分析，在基础课程到实际应用之间架起一座桥梁。专业基础知识是为了进一步学习专业理论课和其他技术课打基础的，比较宽厚的专业基础知识，有利于学生的专业学习和毕业后适应社会发展与科学技术发展的需要。

2．专业课程

专业课是专业的核心部分，是反映专业特色、体现专业增减目标、对人才特殊业务素质要求的重要内容和专业课，可以分为专业必修课、专业选修课两类。大学生通过专业必修课学习，了解学科专业的规律和发展方向，掌握本专业的前沿科学技术，培养分析解决本专业范围内一般实际问题的能力。

鉴于专业知识的迅速发展和专业知识范围的广泛性，各高校根据本校学生的知识水平能力和兴趣，因材施教，开设专业选修课程，学生可以根据自己的能力和兴趣选择部分课程继续学习，拓宽某些学科领域的知识，加深科学理论和技术学习，将其作为大学生专业知识成长的一部分。

二、大学学习的方法

要想在学习上卓有成效，除了自己刻苦努力之外，还需掌握科学的学习方法，这样才有可能少走弯路，取得事半功倍的惊人效果。这里主要介绍几种最常用并适合学生运用的科学学习方法。

（一）程序学习法

将要读的书籍，按其内在的联系程序，制订出一个合理的学习计划，然后按部就班、有顺序地进行学习，这就是程序学习法。程序学习法是最基本的学习方法之一，历来为学者所推崇和运用。

循序渐进是程序学习法的核心。因为任何一门学问都有其自身的逻辑性，呈现出由浅入深、由简到繁、由易到难、由点到面的发展规律。按其内在的规律性来安排学习，才能获得系统的而不是杂乱的、完整的而不是片面的知识。此外，人们的认识理解水平也是逐步提高的，不可能在没有量的逐渐积累的基础上产生出认识上的飞跃。

读书时能做到循序渐进就必须制订出周密的读书计划，因此，制订计划是程序学习法的具体形式。制订计划时首要的任务是选定学习方向及内容，然后再按照学习内容的内在逻辑定好程序，以便能体现出由浅入深、由易到难的循序渐进的规律来。最后是安排好学习日程。要了解清楚自己每天、每月、每年有多少学习时间，然后再排出详细的日程表，规定每天、每月、每年的学习内容，拟定达到的目标和所采取的措施等。

（二）五步学习法

五步学习法是国外近年来流行的学习法。它主要由以下几个读书步骤组成：

（1）浏览。就是拿到一本书后先全面地浏览一下，着重看书的序言、内容提要、目录和书中大小标题、图表、注释及附录的参考资料等，以求对全书有一个全面、直观的大致印象，知道书中哪些是新知识，哪些是自己已掌握的知识，从而确定以后的阅读重点。

（2）略读。着重阅读书中用黑体字或其他形式标记出的主要内容及重点，并在阅读时随时提出问题，以激发求知欲，使整个阅读变成一个有准备的、主动的、批评的过程。

（3）精读。此时要带着问题进行深入阅读，可以圈点、画线或写指示性批语。对书中的专业性术语、关键内容和重点段落，应予以特别注意。精读时，还可随时做些笔记，以加深印象并记下所遇到的问题。

（4）回忆复述。精读阶段完成之后，可以合上书本，对阅读中提出的问题给予解答并回忆一下所读各章节的主要内容，自我检查阅读成效。如发现有遗忘或尚未理解的内容，再打开书进行重点阅读，直到掌握为止。

（5）复习。已经掌握的知识，如不及时加以巩固就会遗忘。因此，每隔若干天，就应对书中内容作有针对性的全面复习，以便能进一步熟记所学内容，巩固阅读成果。

五步学习方法最适用于需要牢固记忆的阅读材料。但这种方法费时较多，那些只需泛泛了解的读物，则不宜采用五步学习法。

（三）个性学习法

每个人都有自己的性格特点，这也必然反映在各自采用的学习方法上。一般来讲，学习者大致分为外倾型和内倾型两类。

外倾型的人具有性格爽朗、对问题反应快、兴趣广泛、喜欢讨论、不畏惧困难等优点，但也存在着喜欢热闹、不易安下心来认真读书、处理事情易受兴趣和情感的影响、兴趣过于广泛等弱点，以至于读书时只满足于一知半解、浮光掠影、难以读细。因此，外倾型的人要针对自己的不足，有意识地锻炼意志约束力，在读书的计划性、方向性和深刻性等方面下决心抓一抓。

内倾型的人与外倾型的人性格截然不同，具有办事踏实、感知事物细腻、思考周密等特点，但存在的弱点是思路不开阔，对新知识接受得慢，易产生自卑感，不善于参加集体学习活动等。因此，内倾型的人要多交学友，广开思路，克服自卑感，增强自信心。

（四）自我复述学习法

经验证明，不停地阅读笔记和教材，并不一定能收到良好的学习效果。此时可以采用“自我复述学习法”，定期停下来检查一下所学的知识有多少已经掌握了，有多少已经忘掉了。

自我复述的形式很多，如学习外语时，可以把词汇表上的外语单词的中文解释部分遮住，以检查自己再现这些中文解释的能力。在看完教科书某一章节后，可以合上书本，在脑中默想，根据书中内容提出几个问题，看自己能否答得出。另外，复述时也可请别人帮忙协助进行，以提高复述效率。

（五）读目录学习法

该方法主要包括读图书卡片目录和读书中的目录两种情况。

（1）读图书卡片目录。这是读目录的第一步，其方法是：用一些时间把图书馆的书目索引全部翻阅一遍，然后根据自己学习上的需要，把查到的图书分成与自己学习有直接关系的或有参考价值的若干类，并记在笔记本上，以了解各类书的馆藏情况，方便以后的借阅，同时还可以摸到学术界动向的脉搏及各种学术信息、新观点等，从而有利于自己制订可行的学习计划，选阅具有学术代表性的图书。

（2）读书中的目录。经过读图书卡片，通过选择，借到某种书后，先不要急着阅读正文，可先翻翻该书的目录、前言、内容提要等，以此来弄清楚作者的写作意图、基本观点是什么，要解决什么问题，全书的大致构成框架是怎样的，书中哪部分内容是自己所知道的，哪些是不熟悉的，哪些是自己最急需掌握的等若干问题。通过这样一番分析比较，就可以大致对怎样阅读该书心里有了数，在进入正文阅读时，就很容易抓住重点，有的放矢地进行阅读。该方法主要适用于阅读那些系统性、专业性较强的书籍。

（六）整体式学习法

要学会整体式学习，大脑里面要建立知识的“结构”，结构就好像是一座城市的地图，指引你去想去的地方。整体式学习可分六个阶段进行：

（1）获取阶段。一切可以吸收的信息都可以通过看、听、读、写、触摸等方式获得。好的信息获取者会努力提高自己抓住关键信息的能力。

要提高自己的获取信息能力，第一步是简化。比如，我们读《三国演义》中诸葛亮攻打孟获一章，简化成一句话就是诸葛亮七擒七纵孟获，虽然损失了很多细节，但是对于大情节，这一句话已经抓住了全部重点信息。简化需要你在获取信息时去除一些无关的信息，抓住有价值的信息。有些信息你觉得不重要，请大胆跳过，不要担心自己因没有掌握这些信息而错过什么。从这个角度说，做 PPT 是一种很好地提高简化信息能力的训练方式，因为一段话要放在 PPT 上必须变成一句话，你必须做到抓住核心信息。

有了简化能力，就应该尽可能多地占有有价值的资料。有的同学一年看不了十本书，有的同学一年能看一百本书，容量差距非常大。为什么会这样？大脑的容量会随着你阅读量的增加而变得更加会组织信息，如果你总是缺乏足够的阅读量，大脑的容量就会退化。简化信息，提高容量，最终目标是提升你获取信息的速度，能在一个小时内快速读完一本书，并抓住核心信息。但是速度和信息获取也是一对矛盾的关系，很多学生难以掌握的关键就是为了充分获取信息而牺牲了速度。其实，考虑信息的简化，我们在很多情况下完全可以采取牺牲信息而获取速度的阅读方式。

（2）明白阶段。获取信息而不求理解是无意义的填鸭式学习。一段话，一篇文章，你不理解它的含义，想在实际工作中运用是不可能的，从这个意义上说，明白阶段是不可跨越的。大部分人能感受到明白阶段，比如知道一个公式是什么意思，每个符号代表什么，然后能够通过反复强化练习掌握并利用这个公式解决某类问题。这就是明白阶段的学习。可惜大部分人进入明白阶段后学习就止步不前了，其实，还要进入更高的拓展阶段。

（3）拓展阶段。到了拓展阶段，必须了解一个公式是怎样推导来的，它与其他公式的关系，有什么边界限制，以及怎样用它来解决不同的问题。拓展阶段才是真正的整体性学习的开始，开始把所学的知识模型和其他的信息建立联系。可以了解一个公式的来龙去脉，这是深度拓展；也可以了解一个公式的相关结论，这是横向拓展。最终体会如何实现一个公式和其他学科知识的跨界联系，这是一种难度最大也是最有创造力的纵向拓展。

（4）纠错阶段。所有的知识结构都可能有错误，当建立知识结构后，就会发现一些新的信息，弥补或改正你以前知识的漏洞或错误。因此，需要定期修正自己的知识框架，让它更能够解释世界。

（5）应用阶段。其实在明白阶段就可以反复应用知识，做到学三举一，而在拓展阶段要把学到的知识反复用到不同的场合或领域，实现举一反三。比如，市场营销专业的大学生几乎都学过一点统计学，但是有几个营销专业的学生能把统计学知识用在他的工作中？比方说，如何判断一份调研样本的数据是否可靠？

（6）测试阶段。不管是哪个阶段，都需要经过测试。

①获取阶段的测试：你以前听过或看过这个知识吗？

②明白阶段的测试：你理解这个知识的含义吗？

③拓展阶段的测试：这个知识点是如何推导得到的？

④纠错阶段的测试：你对这个知识点有哪些错误的认识？

⑤应用阶段的测试：你能将这个知识运用到不同的领域吗？

通过以上六个阶段，就进入了整体式学习的模式，你会发现很多乏味的课程都开始变得饶有趣味，可以用它解决或解释现实的问题。

三、大学学习的要求

很多人在读大学之前就被教导“读了大学就轻松了”，在这种思想影响下，很多大学生进入大学后，在学业上停滞不前，对学习缺乏兴趣，没有目标，整天处于“混日子”的状态。一些人到了大学后开始迷恋网络、吃喝玩乐、逃课、考试不及格、自暴自弃，最终毕不了业；还有一些人到了大学一味注重成绩，把追求高分数看作学业目标，稍遇挫折便一蹶不振、悲观消极、随波逐流。

（一）确立合理的学业目标

学业目标是指根据社会的要求与人的发展要求，通过学习活动使学习者的学习行为在一定时期内所要达到的预期结果。学业目标有远大目标和具体目标、长远目标和近期目标之分。一个人确立的学业目标越远大、越崇高，他的行为动力就越强烈、越持久。“法乎其上，得乎其中；法乎其中，得乎其下”说的就是这个道理。学业目标贯穿学习活动的全过程，它自始至终发挥导向、激励和纠偏作用。

缺少明确的学业目标，是大学生中普遍存在的现象。一般而言，大学生在目标定位问题上存在着这样几种情况：一是没有明确目标，虽然平时好像很忙碌，但由于缺少具体的学业目标，陷入了“有事则忙，无事则闲”的状态，真正所学并不多。二是目标不确定，在学习中表现为人云亦云，别人干什么就跟着干什么，有盲目追风的倾向。三是目标大而空，完全脱离了自身条件，也没有相应的实施方案和具体的实施步骤，不恰当的目标非但起不到导向和动力的作用，反而会成为前进道路上的绊脚石，起阻碍作用。四是目标指向错误。一些学生抱着“60分万岁”的学习态度，看不到学业的长效性、远景性，缺乏时代感、使命感；不懂得付出和奉献，只希望得到和索取；不懂得“不积跬步，无以至千里”的基本道理，只想急功近利。

学业目标表现为观念形态，但它必须反映社会与人的发展需要，也就是说，它必须以客观条件为依据，受客观条件制约和检验。只有当学业目标建立在社会发展和人的发展的客观现实基础上，才能真正成为大学生参与学习活动的指导。确立学业目标的主要依据有以下几方面：

第一，个人的学业目标必须与社会的需要相结合。现实社会的客观需要是大学生选择学业目标的基础。当代大学生应该把个人的学业目标与国家的发展目标紧密结合，自觉地把社会的要求转化为自己的学业目标，建立合理的目标体系。大学生选定某一学校的某一学科或某一专业，这就是大的学业目标，因为进入大学，就意味着选择了职业方向，迈进了人生的一个崭新的职业准备期。但是，有的大学生因为种种原因，专业思想不巩固，不热爱所学专业，意欲转专业但又无法实现，于是失望、苦恼，不仅影响了学习，而且也影响身心健康。其实个人的理想、目标不完全由个人的兴趣、爱好决定，在很大程度上受时代、社会的需要所限制，尤其是在我国现行教育体制下，确定大学生的专业，制约因素很多。大学生在确立自己的学业目标时，应该服从社会的需要，热爱所学的专业。只有热爱所学专业，才能目标明确，自觉主动地学习。

第二，个人的学业目标必须与个人的自身条件相结合。没有目标，学习活动就会迷失方向，缺乏动力；目标太高，期望值过大，高不可攀，徒劳无益；目标太低，空耗聪明才智，无所作为。人的能力有差异，优势劣势也各不相同，选择学业目标必须考虑自身条件，全面分析自身的长处，不要人云亦云、随波逐流。我们不妨从实际出发确定目标的期望值，使目标高低适度，既让它在高处召唤，又让自己“跳一跳就可以摘到桃子”，这样有利于挖掘人的潜能。

第三，个人的学业目标必须与现实可能性相结合。选择个人的学业目标不能离开所处的具体环境和条件，如所在的学校、所学的专业、所生活的地区、实现目标必须具备的条件等。离开了实现目标的可能性，目标只能是盲目自我设计，难以达到目的。

第四，长远目标与近期目标相结合。长远目标是在无数个近期目标实现的积累中得以实现的。长远目标可使方向明确，动力持久；近期目标则能使动力强度提高，效果直接。选择个人的学业目标应该注意目标设置与实现的层次性，循序渐进。将长远的总体目标分解为若干个阶段性的目标，如学期、学年等近期学业目标。在各个近期目标中，还可分解出若干具体的科目和各个方面的目标，如知识的掌握、能力的培养、素质的提高、思想修养等方面的目标，乃至一次活动、一项实验的目标等。分解目标有以下好处：一是扎实可靠，不让目标落空；二是阶段性目标的实现给人以胜任感和实在感，增强自信心；三是可在实现阶段目标的实践中增长才干，为实现长远目标积累经验、打好基础。

（二）制订科学的学习计划

1．制订学习计划的目的

大学学习单凭勤奋和刻苦精神是远远不够的，只有掌握了学习规律，相应地制订出科学的学习规划和计划，才能有计划地逐步完成预定的学业目标。对学生来说，有计划学习的好处有以下几方面：

（1）学习的目标明确，实现目标有保证。学习计划就是规定在什么时候采取什么方法步骤达到什么学业目标。短时间内达到一个小目标，长时间达到一个大目标，在长短计划的指导下，使学习一步步地由小目标走向大目标。

（2）恰当安排各项学习任务，使学习有秩序地进行。有了计划，就可以把自己的学习管理好。到一定阶段对照计划检查总结自己的学习，看看有什么优点和缺点，发扬优点，克服缺点，使学习不断进步。

（3）对培养良好的学习习惯大有帮助。良好习惯养成以后，就能自然而然地按照一定的秩序去学习。有了计划，也有利于锻炼克服困难、不怕失败的精神，无论碰到什么困难或挫折，都要坚持完成计划，达到规定的学业目标。

（4）提高计划观念和计划能力，使自己成为能够有条理地安排学习、生活、工作的人。这种计划观念和计划能力，学生都应该学习和具备，会受益一生。

2．怎样制订学习计划

有计划地学习是优秀生的共同特点，学习好的学生和学习不好的学生的差别之一就是有没有学习计划。这一点越到高年级越明显。那么怎样制订学习计划呢？

（1）要根据学校的教学大纲，从个人的实际出发，根据总目标的要求，从战略角度制订出基本规划。如设想在大学自己要达到什么目标，形成什么样的知识结构，学完哪些科目，培养哪几种能力等。大学新生制订整体计划是困难的，最好请教本专业的老师和求教高年级同学。先制订一年级的整体规划，经过一年的实践，熟悉了大学的特点之后，再完善其余三年的整体规划。

（2）要进行自我分析。一方面，分析自己的学习特点。可以仔细回顾一下自己的学习情况，找出学习特点。各人的学习特点不一样：有的记忆力强，学过的知识不易忘记；有的理解力好，老师说一遍就能听懂；有的动作快但经常出错；有的动作慢却很仔细等。另一方面，分析自己的学习现状。一是和全班同学比，确定自己成绩在班级中的位置，常用“好、较好、中、较差、差”来评价。二是和自己成绩的过去情况比，看它的发展趋势，通常用“进步大、有进步、照常、有退步、退步大”来评价。

（3）要制订阶段性具体计划，如一个学期、一个月或一周的安排。这种计划是根据入学后自己的学习情况、适应程度来制订的，主要内容是学习的重点、学习时间的分配、学习方法如何调整、选择使用什么教科书和参考书等。制订计划要遵照符合实际、切实可行、不断总结、适当调整的原则。

（三）树立正确的学习态度

学习态度是学习动机和学习目的的外在表现，是学生在学习过程中各种心理状态、精神面貌的综合反映，学习态度贯穿学习的整个过程，并对全过程起作用。学习态度是否认真、积极、勤奋、刻苦、踏实、坚韧，是否坚持不懈，是直接影响专业学习效果的重要因素。因此，大学生只有树立正确的学习态度，才能更好地完成学习任务，全面提高专业素质。

大学生要具备专一的敬业精神，热爱所学专业，认真完成大学阶段的专业学习任务，为走上工作岗位打下基础。如果在校不重视所学专业，仅为混一张文凭而学之，得过且过、马马虎虎，将来走上工作岗位肯定是不能胜任本职工作的，这样势必与社会对每个工作人员的基本职业道德要求相冲突。

大学生要勤奋努力、严谨治学、实事求是，在学习上循序渐进、脚踏实地，先学好专业基础知识再求专业上的纵深发展；大学生要有坚持实事求是的胆识和勇气。学习是老老实实的事情，来不得半点虚假，有不懂的地方并不是自己的耻辱，相反知道自己的不足正是自觉的表现，是求知的真正开始；不懂装懂、投机取巧、自欺欺人，则是学习之大忌；大学生要敢于探索，勇于创新，要把学习和研究结合起来，在学习中研究，以研究促进学习，要努力发展逆向性思维与发散性思维，培养高水平的专业学习能力。

第三节　大学学习过程与考试

大学的学习过程是随着学习阶段的发展而发展的，从纵向看具有明显的阶段性。遵循循序渐进、由浅入深的规律。大学生的学习阶段一般可分为基础课学习、专业基础课学习、专业课学习和毕业设计（论文）四个阶段。考试作为衡量大学生学习成绩和检查教师教学效果的重要手段，是大学教学活动中不可缺少的一个重要环节。

一、大学学习过程

基础课学习、专业基础课学习、专业课学习和毕业设计（论文）四个阶段在大学学习生活中都占有一定的地位，各有其任务和特点，又互相衔接，具有很强的系统性，是一个密切联系、有机统一的整体。因此，大学生必须正确对待大学学习的每一个阶段。

（一）基础课学习阶段

基础课包含各种专业共同的理论基础知识，是大学学习的开端，俗话说，良好的开端等于成功的一半。这一阶段通常要学习大学英语、体育、思想品德与法律基础、高等数学、计算机文化基础、大学语文等公共基础课程。这些课程除了在中学学习的基础上加深、加宽基础科学知识外，还担负着进一步发展智能、提高能力、训练思维方法、提高思维的严密性和准确性的任务。大学学习过程犹如建高楼，“基础不牢，地动山摇”，大学生在这一阶段如何发展，不单对学习基础课，而且对整个大学阶段的学习影响极大。

（二）专业基础课学习阶段

专业基础课也称专业理论课，是学生学习的专业知识的理论基础和技术基础课程，也是培养学生某一学科的基础理论、知识和技能。这个阶段课程的学习，起着承上启下的作用。专业基础课的特点是：课程门类较多，学科知识面扩展和深入，实践性环节加强；这一时期学生对大学生活和学习方法有所认识，学习走向深入，是形成自己学习特点的时期。专业基础课程是所有专业学习的奠基石，这个阶段，大学生在学习过程中所表现出来的才能和品德的差异，将会对日后的学习产生不同的影响。优秀学生的成功经验表明，专业基础知识学得越扎实，专业学习就越轻松，就越有利于增强综合运用知识的能力。

（三）专业课学习阶段

专业课程以学习某专业（方向）特有的理论和实践知识为主，是专业核心知识和专业技术能力培养的主要阶段。这一阶段要学习从事未来工作最直接、最实用的知识，形成核心的专业技术能力，要掌握能够综合运用专业知识独立解决实际问题的能力。在整个学习阶段中，它是标志培养对象专业特点的中心组成部分。这一阶段，学生也可以通过专业选修课结合职业发展需要和自身的兴趣，构建符合自己特点的知识能力结构，拓宽知识面，提高综合能力和专业水平。因此，这一阶段也是学习个性发展以及明确职业发展规划的关键时期。

（四）毕业设计（论文）阶段

毕业设计（论文）就是从生产和社会实践中选择适当的题目进行设计或研究，撰写论文。这个阶段是大学生在前三个阶段学习的基础上，在教师的指导下，综合运用已掌握的理论知识、实际知识和各种能力，按照正确的观点、思维方法和工作方法，独立地、全面地、创造性地进行设计或研究和解决实际科学问题。它是大学生从学校走向社会的一个过渡性教学环节，主要培养学生能综合运用知识和技能，独立分析和解决生产实践或社会现实问题，深入了解行业和社会现状，为学生踏出校园走向社会做好准备。这一阶段是大学生从“大学人”转向“社会人”的最后一次“实践演习”。因此，大学生应在这个阶段加强理论与实践的结合，提高自己的实践能力，尽早掌握社会、企业对毕业生必备素质的要求。

二、大学学习中的考试

大学学习过程中的考试一般包括课程考试、英语和计算机等级考试、研究生考试等。

（一）课程考试

大学的课程考试形式多样，有撰写论文、开卷考试、闭卷考试或开卷考试与闭卷考试相结合等。课程考试成绩对学生下一阶段的学习乃至毕业有重要影响。因此，能否顺利通过课程考试并在考试中取得好成绩，与每一个学生有切身的利害关系，且主要取决于大学生平时对课程内容的熟悉、掌握和应用程度。当然，考试前的准备和考试时临场发挥也很重要。

1．重视平时的学习，尽量避免“临时抱佛脚”

有的同学平时不用功，到考试时才“临时抱佛脚”。这种复习方式是死记硬背，对于应付一些客观选择题可起到一定作用，但对于要发挥想象力、创造力的考题就没有丝毫效果。因此，要充分重视平时的学习，课堂上认真听好老师的讲课，坚持做笔记；课后注意及时消化、吸收、巩固课堂上的知识，并反复多次；按时完成老师布置的各种作业；每学完一章，除了做好必要的练习外，还要进行自我总结，写读书心得，做自我测试。学完一章要这样做，学完一门课也要这样做，这样学到的知识就比较牢固了。

2．制订好复习计划，科学合理地安排好复习时间

在大学里，每个学期的期末都要考几门课程，而且一般集中在期末的一两个星期内进行。因此，要根据学校考试安排和自己的情况制订好复习计划，把每天的复习划分为几个阶段，分别复习不同的课程。各门课程的复习要交叉进行，若是考完一门课后再复习下一门则往往时间不够用。

3．系统复习与突出重点、难点相结合

在复习过程中，首先是进行系统复习。将一本书各章节的内容进行归纳总结，全面系统地掌握这门课的基本框架、基本概念和基本原理。其次是掌握重点、难点。如果复习时不分难易，不分重点，每次都面面俱到，结果就会越学越多，越学越忙，脑子成为一锅粥。因此，在进行系统复习后，要能区分哪些内容自己比较熟悉，已经掌握，哪些内容不熟悉，哪些是本书的重点、难点，对重点、难点、不熟悉的内容，要进行多次反复地复习，多做练习，多思考。遇到弄不懂的内容及时请教老师和同学。最后，在重点复习阶段，可将学到的知识条理化、系统化，用简明的语言和图表进行概括，并且对学习过程中做过的练习进行多次消化，这样效果会更好些。

4．养精蓄锐，保持良好的心理状态

首先，要相信考试只不过是自己真实水平的展现，有压力但不感到恐惧。其次，要劳逸结合，考前如果过分紧张地复习，大量做题、熬夜，就会造成脑力和体力的过度消耗，精神高度紧张，加剧对考试的紧张恐惧，削弱对考试的信心。因此，考试前一定要养精蓄锐，临考前两天不要过度疲劳，保证每天有一定的时间参加体育活动，保证睡眠，同时要加强营养，使自己精力充沛、精神振奋地投入考试。最后，要认真遵守考试规则，考试应带的工具务必带齐，以免影响考试。不要有任何作弊的侥幸心理，因为考试不及格还有补考或重修的机会，一旦考试作弊受到处分，那么毕业证书都可能拿不到了。

（二）英语和计算机等级考试

随着国际交流与合作的进一步扩大，社会对各类人才的英语水平要求越来越高，有很多单位把通过全国大学英语四、六级考试作为录用毕业生的重要标准之一。计算机应用是高等学校教学计划中一门重要的基础课程，衡量学生计算机水平的高低主要由是否通过计算机等级考试来体现。

1．英语等级考试

高等学校作为人才培养的基地，近年来对英语教学非常重视，很多高校要求学生通过全国大学英语四级或六级考试或规定的分数段，方能毕业和取得学位。因此，如何学好英语并通过全国大学英语四、六级考试，对大学生来说是非常重要的。

大学英语学习与过级考试紧密相连。全国大学英语四、六级考试大纲是教育部依据大学英语教学要求制定出来的。因此，平时学好大学英语，打好扎实的基本功，是通过英语等级考试的基础。

（1）抓好精读的学习。不论学校英语教学采用哪个版本的教材，精读课本都是学生应该认真学习的内容，因为精读篇章主要是介绍新词汇、词组、基本句型，传授各种阅读技巧和基本的写作技能、听说能力。学生在课堂上一定要注意老师对词汇、词组及课文中的语法结构的分析，掌握文章的主旨，在阅读中扩大词汇量，培养自己的文章分析能力。

（2）抓好泛读的学习。泛读的目的在于巩固精读课文中学到的语言和技能，帮助学生扩大知识面，了解英语国家的背景知识，诸如政治、历史、地理、文学、风俗习惯等。学生必须认真阅读大量的泛读材料，运用以前所学的词汇和语言知识进行阅读技能的训练，从而使自己具有较强的阅读能力。

（3）抓好快速阅读的学习。快速阅读的目的是利用较长篇幅的材料，培养学生快速阅读的良好习惯，以此提高阅读水平。在大学英语四、六级考试中，长篇阅读就是考查快速阅读的能力。当然，这种练习靠学生自己安排进行，必须认真对待。

（4）抓好听力的练习。很多大学生从小没有英语学习的语言环境，再加上中小学的所在地师资水平不高，教学设备及其他手段相对落后，使大学生从生理因素上错过了学习语言的最好阶段，因此对提高听力增加了难度和挑战。要想在听力上有所突破，就必须认真学习听力教材，多进行听力练习。

（5）认真完成教材中的练习题。对于教材中的练习题，老师一般会要求学生课后自行安排。这些习题以大量针对性练习为主，列出语法中的难点与重点，通过大量的具体分析和例证进行研究，并对中学的内容进行归纳和总结，因此，做练习题是提高语言能力的重要一环。

当然，大学英语四、六级考试的内容相当广泛。在以上五个方面的基础上，要想通过大学英语四、六级考试，平时还必须多读一些课外文章，多收听英语广播，多看英语影片，有针对性地多做题目，用英语多写、多练，做一些大学英语四、六级模拟题等，以此巩固、提高自己各方面的能力。如果注意这几个方面的学习，就一定能够顺利通过考试。

2．计算机等级考试

目前，计算机等级考试包括由教育部考试中心和各省（自治区、直辖市）教育行政部门组织的两种考试。各省（自治区、直辖市）组织的等级考试由各地区制定考试大纲。两种考试通过均颁发全国计算机等级考试合格证书。近年来，教育部考试中心推出了全国计算机等级考试，并不断修订其教学大纲和考试大纲。这种考试是一种重视应试人员对计算机软件的实际掌握能力的考试，不限制报考人员的学历背景，任何年龄段的人员均可以报考。

全国计算机等级考试由教育部考试中心主办，在全国各地设立考点负责报名、考试等工作。此项考试根据使用计算机的不同要求，划分为若干等级分别考核，以考核学生对计算机的应用能力为主。

现在，计算机应用课已被各高校列为非计算机专业学生的必修课，大学生不论学什么专业，都要学习计算机并须通过相应级别的计算机水平等级考试。那么，大学生应如何学习计算机才能在等级考试中取得好成绩呢？

（1）高度重视，统一认识。要充分认识在现代社会，学习计算机的重要性，计算机在未来各行各业中会起到越来越大的作用。计算机的学习对实际动手能力有较高的要求。因此，大学生要有顽强的意志和毅力，有高度的自觉性和自信心，才能学好。

（2）了解大纲，明确要求。计算机等级考试有明确的考试大纲，对考试的目的、具体要求、组织报名、考试时间和方式等，都有具体介绍。参加计算机等级考试，要十分明确大纲的要求，避免盲目和陷入被动。

（3）认真听课，积极练习。计算机学习和其他专业课学习一样，认真听课是关键环节，同时，多上机练习是计算机学习的一条必经之路，如同外语的学习要经常“讲”一样，计算机的学习要经常“练”。

（4）选择重点，总体把握。对所学内容的概念应重点掌握。理论部分，往往侧重概念的考核，同时可结合上机、提问，从中了解硬件方面的知识，但关键还在于复习时要有针对性地做习题，而且要保证有一定的习题量。上机部分，往往侧重于最基本的操作，但是，要求应试者十分熟练。如一级上机考试要求在30分钟时间里录入几段文字并替换及排版，如果考生平时上机少，不够熟练，就容易失手。因此，复习时，适当做一定量的模拟习题和设法多上机练习有助于在考试中取得良好成绩。

（三）研究生考试

考研还是就业，原本是大学本科毕业生所面临的一个简单选择，但在巨大的就业压力和复杂的社会背景下，却成了“鱼与熊掌”一样的两难选择。无论是考研、考公务员还是就业，首先要从自身情况出发，理性选择，不要盲目跟风。比如考研之前要了解自己考研的目的，是因为就业困难想考研，还是想要更高的学历而考研，或者是其他原因。如果想通过考研逃避就业压力，是不现实的。

如果决定要考研，那么首先要对考研的各个流程熟练掌握。考研五步走：第一步，选专业。在报考阶段，首先应该按照社会上的一些评价及招考人数、录取难度等，理性地选择最适合自己的专业。第二步，择学校。确定报考专业之后，就需要确定报考单位。考生到底如何确定报考专业和招生单位呢？一般来说，贯穿整个决策过程始终的有两个关键要素：考生自身的意愿和条件、完全而充分的信息。这实际上也就是报考的主观和客观条件。第三步，报名。报名是考研的第一声冲锋号，考生应暂且将目光从课本和习题中移开，了解和熟知考研报名的各个环节，迈开考研战役的第一步。第四步，初试。全国研究生考试初试时间在每年年末，通常安排在周末。第五步，复试。对于初试通过的考生来说，胜利的喜悦只是暂时的，要想踏入高校研究生学院的大门，必须跨过考研成功前的最后一道门槛——复试。

三、大学学习中常见的认识误区和困惑

（一）大学学习已经不那么重要

大学里学习成绩和能力哪个更重要？大学期间的主要任务仍然是学习。很多大一新生以为进了大学就可以高枕无忧了，其实不然，在大学里，竞争更加激烈，而且学习成绩是以后竞争的“利器”。当然，如果进企业，企业要的不是员工的毕业证，而是解决问题的能力，是真正的应用能力，而不是死读书本的能力。但是，如果连学校的课程都不学，“选修课必逃，必修课选逃”，那么又有多少能力可言？

成绩不是大学生活的全部，但即便我们再怎么忽略它的意义，成绩却始终是通向未来的一道绕不过也躲不开的坎儿。大学成绩单里还有另一层含义，即通过那些或高或低的分数，我们会知道，究竟哪些是自己喜欢的，哪些是自己擅长的，它就像一把尺子，可以度量出摆在我们面前的 *N* 种可能。学习成绩也许不能反应能力，但学习本身就是一种能力，学习成绩是能力的一种体现。

也许会有人说，一个人只要自己有能力、有想法，成绩差一点，完全可以通过其他方面的出色来弥补。现在的社会是一个更注重能力的社会，只要有能力、有干劲、有创新、有魄力，得到合适的机会总能成就自己的一番天地。但是，不知道大家是否注意到，这样的人几乎都掌握了一两项核心竞争力，之所以成功，正是因为核心竞争力爆发的结果。

当然，能力的培养也是相当重要的。多参加学生社团活动、社会兼职工作，或者到公司实习，协助老师完成项目，这些都是很好的、锻炼自己的途径。大学，仍然是学知识的地方，所不同的是知识架构比起中学复杂了很多，不仅局限于课本，还涉及专业知识、社会知识等。能力更是一种自我管理，比如为人是否诚实守信、待人接物是否热情耐心等。在企业招聘时，每个人能展示的专业水平差距不大，但在个性特征方面就有很大差别，招聘方可能会更注重的是不是眼高手低，工作是不是认真。同时，能力也是人际沟通能力，包括与人的沟通能力、解决问题的能力、协调能力等。

所以，大学里学习和能力锻炼同等重要，缺了哪一样都不能成为社会需要的“人才”。

（二）大学学习考试前突击一下就可以了

作为一名大学生，在大学里重要的收获当然是知识、能力和人格上的成长。如果

目标只是通过每一门课程，那么这只是一个很低的目标，所以很多学生上课，第一件事就是看这门课是否容易通过，如果好过，平时敷衍一下，考试周拼一把，就可以用最小的努力换来最高的分数。

在这种思维中，大学学习不过是找工作的工具，而不是自己知识、能力和人格上的成长。这种在学习上“最小化努力”的策略，会让你错过这辈子可能遇见的最佳时机——建立独立思考和自学能力的时机。事实上，大部分大学毕业生仅仅是一名毕业生，他们从来没有成为一名终身学习者。如果把大学看作获得知识、发展心智、寻求思考问题的新思维、获得解决问题的新方法的场所，任何一门课程都必须进行更深刻、更长久的学习。

在所有的课程中都可以练习有效的思维方式，如果能掌握学习每门课程后的思维和学习方法，就能针对不同的领域提出丰富且富有见解的问题，乃至提供有价值的解决方案。在大学，各个学科的体系必须通过内在深入的思考才能掌握，不注重思考的学习模式，只能回归过去的死记硬背的学习方法。长此以往，人就会变成一个信息的临时储存器，而不会成为一个具备深入思考能力，能觉察和分析重大问题，并能通过有效的专业沟通找到解决方案，最终达成目标的人。

（三）面对自己专业的“冷”“热”，该何去何从

各专业之间没有不可逾越的鸿沟，你可能会觉得自己所学的专业是冷门，将来毫无用武之地，因此悲观消沉。其实大可不必如此，因为你完全可以抛开专业，在自己更感兴趣的领域取得成功。但是，这并没有抹杀专业之间区别的意思，也并不希望大家滋生专业“虚无主义”思想，而在考研的时候随便乱挑专业，以后找工作的时候也完全不考虑自己的专业。放弃自己的专业去别的领域发展是需要勇气也需要付出努力的，有些时候还需要一定的机遇。

如果你的专业很好，也不要因此而沾沾自喜。因为在你懈怠的时候，有很多其他专业的人也正在努力地学习你这个专业的知识，虽然毕业证和学位证无法证明他们有过这种努力，但是，他们总能找到合适的方式证明给用人单位看。到那个时候，你或许就只能眼睁睁地看着跟自己专业对口的工作被其他专业的人抢走。更何况目前中国所有热门专业都是扩招的，任何一个热门专业都有着庞大的学生队伍。热门专业意味着市场对这个专业的人才需求较多，但如果这个专业每年的毕业生更多，那还热得起来吗？

所以，如果你专业好，并且这确实是你感兴趣的专业，你就更加应该努力地学好专业知识。古人云，天道酬勤。只有努力才可能有结果。哪怕所学专业热得发红，红得发紫，也只有经过不懈的努力，才能取得成功。

案例赏析

曾思煜：我的名校考研梦——考研之志，笃行不息！

商学院ACCA2021班的曾思煜同学，以408分的高分成功考入心仪学校，录取为中国人民大学数学专业的研究生。作为对金融商业十分感兴趣的学子，在入学之初便早早地明确了自己的目标，并毅然决定走上考研之路。考研，不仅是为了学术深造、提升能力、获得更多机会，也是为了圆自己的一个名校梦。

原本曾思煜像许多同学一样，把考研目标放在湖南农业大学、长沙理工大学这类省内本科院校。一次偶然的机会，他和父母一起去了中国人民大学。这所位于首都的顶尖学府，给他留下了深刻的印象。他感受到了那里的学术氛围，看到了学生的热情与活力，也想象到了自己如果在这里学习，将会拥有怎样的人生体验。这次旅行成为他人生中的一个转折点。他不再满足于之前的选择，而是下定决心要追求更高的目标。他告诉自己："我要去中国人民大学！"这个决定不仅是对自己能力的挑战，更是对梦想的追求。

曾思煜深知金融专业考研的复杂性和挑战性，但他从不畏惧困难。为了实现考研目标，曾思煜自入学以后就树立了正确的学习态度，确立了合理的学业目标，制订了详细的学习计划，并且严格按照计划去执行，不断提升自己的能力和水平。2023年冬天，曾思煜的右手手腕骨折，而那时距离他心心念念的考研仅有100天。这个消息对他来说，如同晴天霹雳，瞬间打破了他原本的备考计划和信心。手腕骨折不仅给他带来了身体上的痛苦，更在心理上给他带来了极大的压力。然而，曾思煜并没有因此气馁。他明白，面对困境，只有积极应对才能找到出路。他迅速调整了自己的心态，开始寻找解决问题的方法。他向医生咨询了康复建议，制订了一套适合自己的康复计划，并坚持每天进行康复训练。同时，他也尝试调整学习方法，利用左手来辅助学习，尽管过程艰难，但他依然咬牙坚持着。在家人、老师以及朋友的鼓励与支持下，曾思煜逐渐走出了困境。

2024年2月26日，备受瞩目的2024年硕士研究生招生考试初试成绩正式公布。在这场激烈的竞争中，曾思煜以总分408分的高分脱颖而出。这一成绩不仅是对他个人努力的最好回报，也彰显了他坚定的信念和扎实的知识储备。曾思煜的成功不仅为他自己赢得了荣誉，更为广大考研学子树立了榜样。他的经历告诉我们，只要有坚定的信念和不懈的努力，就能够克服一切困难，实现自己的梦想。展望未来，我们相信曾思煜将继续保持这种积极向上的精神风貌，不断追求更高的学术成就和人生目标。他的故事也激励更多的学子在考研的道路上勇往直前，为实现自己的梦想而努力奋斗！

（资料来源：湖南涉外学院官方微信公众号）

第三章 大学生活

第一节 大学生活概述

一、大学生活的内涵

生活的基本定义是生物为了生存和发展而进行的各种活动。

大学生活是指大学中的生活。大学生活是校园生活，大学校园是文化的承载地，大学生活深邃、绚丽而丰富；大学生的知识、思想、激情，织就了灿烂的校园风景；大学生活是引领潮流的生活，它以观念和文化的推陈出新定义生命和生活的风采；大学生活是智慧的生活，创新的种子在书香中孕育，在理想中成长，催人奋进又给人美好；大学生活没有“围墙”，社会是大学生活的土壤，也是大学生活的万里天空。

大学生活是一种状态。大学生为增长知识和见识、寻求方法真理，不知疲倦，废寝忘食；大学生的思想开始走向成熟，人格开始完善和稳定，理想和信念日益坚定，责任和担当开始内化为特质。

大学生活决定人一生的生活基调。一个人走进大学，人生开始起锚，怎样走，能走多远，在大学中的努力程度至关重要。人的知识储备、思维方式、思想深度、人脉资源、情感归属、价值取向、道德修养等，都可在大学生活这个人生最大的加油站获取。

二、大学生活的内容

（一）学习活动方面

大学生主要的日常活动之一就是学习。从学习内容看，包括专业课、通识课和其他课的学习；各种课程的学习又可分为基本理论、基本知识和基本技能的学习。从学习方式看，包括课堂内学习、课堂外学习和实验实践等。

大学生活中，学习永远是主要内容。专业课程是学习的重点，也是大学生将来职业生涯的知识基础。本专业的基本理论、基本方法要熟练掌握，本专业的前沿知识和研究动态也需要有较为清晰的了解。为了打好专业基础，大学生需要积极参与课堂教学、实验、社会实践等活动。大学课堂是大学生获得专业知识的重要方式，也是快速进入专业领域的捷径。认真听课，完成老师布置的各项作业是学生每天的第一要务。除了根据老师的节奏听课和消化外，专业课的学习还需要大量的课外学习来扩充知识的广度和深度。

课外学习，是大学生学习生活的重要组成部分。从自主学习的意义上来说，一个成功的大学学习过程，是一个充分利用课外时间来读书的过程。课外学习的内容可根据需要来选择，未来职业发展所需要的扩展知识、未来生活有用的知识和领域都要涉猎。课外学习的方式可以是阅读、听讲座、参与沙龙讨论以及网络学习等。课外学习内容没有限制，但应该有计划、有主次，通过学习达到提高个人素养和能力的目的。

实验和社会实践，是大学学习必不可少的环节。理工科学生在实验中应亲自动手操作，加深对理论知识的理解；文科学生，尤其是商科的学生，应积极参加各种社会实践活动，包括专业实习、社会调查，以及各种仿真实验。另外，勤工俭学也是一种不错的社会实践活动。

考试是检验学生掌握知识程度的重要方式，也是未来就业单位考察员工的重要依据之一。大学的考试与中学的重要区别之一，是大学考试更重视考查学生对知识的运用。

对于大学生来说，学习不仅是主要任务，也是一种能力，是成长的必经之路。

（二）社交活动方面

大学生的社交活动，包括校园交往、社会交往和网络交往。校园交往中有室友交往、班级同学交往、校级同学交往、同乡交往、恋人交往等。从交往的内容分，有专业学习交流、兴趣交流、文体活动交流和就业需要等其他功能性的交流。具体表现为以下几个方面：

（1）学术交流。学术外流是指学术领域内的交流与互动，包括课程讨论、课题研究、学术报告等。通过这类活动，可以拓宽知识视野，提高专业水平。

（2）课余活动。课余活动是指在课余时间内的社交活动，如参加社团、兴趣小组、体育运动等。这些活动有助于培养团队精神、锻炼领导能力，并结识志同道合的朋友。

（3）情感沟通。情感沟通是指大学生在成长过程中会面临许多情感问题，如恋爱、友情、家庭关系等。通过与同学、老师、家长的沟通，可以寻求支持和帮助，促进个人成长。

（4）职业规划。职业规划是指大学生在求职、实习、考研等方面需要与他人进行沟通和交流。通过参加招聘会、面试技巧培训等活动，可以提高自己的竞争力。

（5）文化娱乐。文化娱乐是指大学生在文化娱乐方面的社交活动，如摄影、音乐欣赏、旅游等。这些活动可以丰富课余生活，增进友谊，提高审美情趣。

（6）志愿服务。志愿服务是指大学生志愿参加如支教、环保、公益等活动。这些活动可以帮助大学生树立正确的价值观，关爱他人，回馈社会。

（三）文化活动方面

大学生参与的文化活动有：

（1）校园艺术节、文化节。艺术节、文化节是大学校园文化活动中常见的形式；这类活动通常包括艺术展览、音乐会、戏剧表演等，旨在展示学生的创造力和才华，同时也为学生提供了欣赏艺术的机会。

（2）校运会。校运会不仅有助于增强学生的体质，还能培养学生的团队精神和竞争意识。

（3）文艺会演、歌手赛。文艺会演和歌手赛是大学生文化活动中不可或缺的部分，这些活动为学生提供了展示自我、发挥创造力的平台，同时也是校园文化建设的重要组成部分。

（4）社团活动。大学生可以根据自己的兴趣爱好加入不同的社团，如动物保护协会、辩论社等。通过参与社团活动，学生不仅可以学习专业知识，还能提升社会实践能力和团队合作能力。

（5）其他文化活动。

（四）饮食起居方面

饮食：中国的大学都有食堂，几乎所有的食堂都有特色菜肴提供，学生的一日三餐从营养和卫生方面都能得到保证。

休息：休息的方式包括睡眠、放松、运动和娱乐等。学校是规律作息，就寝、起床、晨练、上课、午休等都有统一安排。合理的作息安排有利于学生的身体健康，也避免因为作息不规律造成互相干扰。

三、大学生活的特点

（一）独立性

大学教育强调学生的独立性。大学生已经成人，已经具有独立的人格，开始形成独立的思想和价值观，需要在生活中独立自主地行使自己的权利并承担责任。大学生活是许多人人生中第一次真正意义上的独立生活，这意味着学生需要学会自己照顾自己和管理自己。

大学生活的独立性表现在以下几个方面：

（1）在学习活动中，大学生需要学会自我驱动的学习方式，对专业知识、专业技能的掌握，对专业发展趋势的了解，以及对最新科技动态的关注，都需要有独立思考和探索的能力。

（2）在日常的饮食起居中，大学生需要自我照顾、自我管理和自我面对，不但包括洗衣、打扫卫生等基本生活技能，也包括协调和处理人际关系的技巧，因此，从最基本的事情做起，给自己最好的照料是大学新生的第一课。

（3）大学生需要学会自我管理，包括时间管理、情绪管理以及个人目标的设定和追求，这种自我管理能力对于未来走向社会至关重要。

（二）自主性

进入大学之时，正是一个人的成年之际。成年后，大学生诸事可自己做主，父母和老师不再行使监护权。所以大学生的生活成为自主生活。大学生不但要自主决定选什么课、读哪本书、交什么朋友，还要自主规划大学阶段乃至整个的人生。父母、老师和朋友，只有建议权。

自主性对于大学生活有着重要的影响。它不仅帮助大学生更好地适应大学环境，还能促进他们的全面发展。通过自主学习，大学生可以培养自己的独立思考能力和解决问题的能力。通过自主生活，大学生可以培养自己的独立生活能力和社会责任感。通过自主人际交往，大学生可以培养自己的团队合作能力和领导能力。

（三）人际交往的广泛性

大学生活中的人际交往具有广泛性，这不仅体现在交往对象的广泛性上，还包括交往内容、交往方式的多样性以及交往范围的扩大。

从交往对象来看，进入大学后，学生有机会接触到全国各地的同学，甚至是来自世界各地的留学生。这种开放的环境，为大学生提供了丰富的交往机会。

从交往内容来看，大学时期，学生不仅在学术上有所追求，还会积极参与各种社团活动、社会实践和志愿服务等，通过这些活动和交流，极大地丰富了他们的学习和生活经历。并且，通过与不同背景的人进行交流，拓宽了视野，提升了跨文化交际能力。

从交往方式来看，随着科技的发展，除了传统的面对面交流，现代通信技术为大学生提供了更多的交往途径。现代交往方式主要表现为通过电子邮件、社交平台、社交软件等进行互联网上交往，网络把全球各地的人们连接到一起，信息的传递可在瞬间完成，信息的受众不受距离限制，人们可以及时获取信息，也可以延时查看。大学生站在时代的潮头，新的交往工具和交往方式在他们手上运用自如，并且不断创新，花样迭出。

从交往范围来看，大学生的人际交往与中学时相比，完全今非昔比，他们除了跟同学老师交往外，还会发展不同的“交往圈”，不断以新的眼光和标准去扩大交往范围，寻求更多更好的伙伴。一些活跃的同学会迅速地找到日常活动范围以外的朋友，如跨校、跨国界的朋友等。

（四）管理上的自律性

大学有管理制度，有校纪校规对学生进行管理，如考试不及格会被淘汰，作弊会被处分等。但读书是需要自觉才能有效果的事情，所以，学生除了遵守规章制度，更需要自觉和自律。学校也重视培养学生的自我服务、自我教育和自我约束的意识与能力。

大学生要树立自律意识。在大学生活中，没有人会时刻监督学生的学习和生活，因此自律成了成功的关键。自律是每个大学生都应该拥有的良好品德。在大学生活中，学生只有自己约束自己，才能学有所成。

（五）个体发展的选择性和自由性

大学生活给予学生大量的自由时间，学生可以根据自己的兴趣和爱好选择课程、参加社团活动、进行社会实践等。大学还提供了丰富的教育资源和平台，如图书馆、实验室、学术讲座等，所有的兴趣爱好都可找到助力，所有的特长都可以得到展示，只要愿意，可选择自己喜欢的活动去参加，选择有利于实现自己目标的事情去做。这样的结果是，让每个学生自由选择和自由发展，从而实现自我价值和潜能的最大化。

四、健康的大学生活

大学生活是人生中一段非常重要的阶段，是我们离开家庭、步入社会的一个过渡期。在这个阶段，我们不仅要面对繁重的学业，还要学会如何与不同背景的人相处，如何提升自己的综合素质。健康的大学生活是引领我们走向人生幸福的桥梁。

健康的大学生活表现为健康的学习习惯、健康的生活方式、健康的身心、良好的社会适应性和道德健康。

（一）健康的学习习惯

健康的学习习惯包括：

（1）科学安排学习时间。制订一个明确的学习计划可以帮助大学生更好地组织时间和完成任务。这个计划应该包括每天的课余时间安排、每个星期的重要活动计划、双休日和节假日的安排、考试复习的时间计划等。这样做可以确保学习和娱乐活动的平衡，避免过度投入学习而导致身体疲劳。

（2）课前预习的习惯。许多大学生在考试前才开始看书和预习，平时难以跟上老师的讲课速度。要养成课前预习的习惯，预习是主动学习，也是深入学习的基础。预习后听课，能抓住重点和难点，能及时与老师思维互动，学习的效率和能力会迅速提高。

（3）认真听课和记笔记的习惯。大学老师通常讲述的是大致思路和重点内容，而不是像高中那样一个一个知识点的讲授。因此，大学生需要学会认真听课，并且记下重点内容，这样可以提高学习的效率和质量。

（4）复习总结和研讨的习惯。课后复习很重要，一个阶段结束后，对已学知识进行归纳和总结尤其重要。归纳总结后要形成体系，厘清知识的前后联系以及与旁支学科的关系，形成知识的结构图谱，等课程学习结束时，复习起来轻车熟路，非常容易。对某个知识、某个理论，有哪些不一样的解释和结论、不一样的研究方法，大学生也应该进行研究。研讨可以是独自探讨，也可以与老师、同学讨论。研讨有助于提高学习效率，也是创新的必由之路。

（5）养成自主学习的习惯。大学生不像中学生一样有老师家长的时刻监督，要养成良好的自主学习习惯。合理分配时间，找寻适合自己的学习方法，制订详尽的学习计划，为大学的学习生活作好规划。

（二）健康的生活方式

（1）合理安排作息时间。良好的生活习惯首先体现在生活有规律上。大学生应该合理地安排作息时间，形成良好的作息规律。有规律的作息意味着各种活动之后让大脑机能得以修复，修复之后又可以高效工作，既可以得到最好的大学效果，又能促进身心健康。

（2）进行有规律的体育锻炼。

（3）保证合理的营养供应。营养供应是健康生活方式中不可忽视的一部分。大学生应该保证合理的饮食习惯，包括早餐要吃饱、吃好，用餐时不能挑食偏食，要加强全面营养，多吃水果和蔬菜。

（4）改正或防止吸烟、酗酒等不良习惯。不良的生活习惯会对身体健康造成损害。大学生应该改正或防止吸烟、酗酒、沉溺于电子游戏等不良的生活习惯。

（5）培养良好的个人卫生习惯。个人卫生习惯是维护身体健康的基础。大学生应该养成爱干净、讲卫生的好习惯。

（6）保持积极的心态。保持健康开朗的心情对于大学生来说非常重要。大学生应该学会控制和调节自己的不良情绪，更要注重稳定情绪的养成。

（三）健康的身体（生理上）

健康的身体表现为：身体机能正常，没有疾病；精力充沛；乐观的态度；良好的睡眠质量；适宜的体重；对病原体有较强的抵抗力。

要拥有健康的身体，应该做到：

（1）均衡饮食。均衡的饮食是养成健康身体的基础。食物中应该保证蛋白质、维生素、矿物质和纤维素的摄入，注意饮食的多样性，避免过度依赖某一类食物，以确保身体获得全面的营养。

（2）加强体育锻炼。有规律地锻炼是提高身体素质、增强体质和免疫力的重要途径。建议大学生每天安排至少一个小时的室外运动。适量的运动不仅可以增强身体素质，还能缓解学习和生活的压力。

（3）充足的睡眠。充足的睡眠对促进身体的恢复和修复、维护身体健康至关重要。建议大学生保持每晚 7 ～ 8 个小时的睡眠时间，避免熬夜和不规律的生物钟。良好的睡眠习惯可以帮助大学生保持精力充沛，提高学习效率。

（4）减少不良生活习惯对身体的伤害。

（四）健康的心理

心理健康是指人能够正确认识自我，并能及时调整心态以适应外界的变化。

1. 大学生心理健康的表现

（1）情绪健康。心理健康的人通常可以保持快乐、自信、满足的情绪，善于从行为中寻求快乐，对生命抱有希望，并具有良好的情绪稳定性。

（2）意志健全。意志健全是指人们有意识地确定他们活动的目标，决定他们的行为，克服困难并达到预期目标的心理过程。

（3）人格完整。人格完整是个体具有健全的人格，气质、能力、信念、人生观等各方面均衡发展。心理健康的大学生能够保持思维、言语、行动的协调一致，具有正确的自我意识、积极进取的人生观，能够把自己的需要、目标和行动统一起来。

（4）自我评价正确。主要是指正确地认识自己、评价自己和接纳自己。心理健康的大学生能够充分地了解自己，摆正自己的位置，客观地评价自己，不骄傲自大，也不妄自菲薄，面对挫折与困境时能够正视现实，积极进取，表现出自尊、自强、自制和自爱。

（5）人际关系和谐。人际关系和谐可以反映大学生与人交往的情况。心理健康的大学生乐于与人交往，能够以尊重、信任、友爱、宽容和理解的态度与他人相处，在交往中保持独立完整的人格，客观地评价自己和他人，能够与集体保持协调的关系，懂得分享，并保持积极的交往态度。

（6）社会适应正常。社会适应正常是衡量心理健康的重要特征。心理健康的大学生能够和社会保持良好的接触，对于社会现状有清晰、正确的认识，其思想和行动都能跟得上时代发展的步伐、与社会的要求相符合。当发现自己的需求和愿望与社会需求发生矛盾时，能够迅速进行自我调节，适应社会的变化，与社会保持协调一致。

（7）心理行为符合大学生的年龄特征。

2. 大学生健康心理的养成

（1）自我关爱。①实现自我关爱，保持良好的生活习惯，包括充足的睡眠、健康的饮食和适量的锻炼等，有助于缓解压力和负面情绪；②制定合理的目标，激发积极性和热情，提高自信心和幸福感；③培养良好的娱乐习惯，合理利用碎片时间，做一些自己喜欢的事情，例如看电影、听音乐、阅读等，使自己得到放松和愉悦的感觉；

④从失败中总结经验教训，改正错误，不断提升自己。

（2）积极应对压力。积极应对压力的措施有：①学会细节化管理，对学习、生活等规划时间，并在规划中增加弹性，这样能够更好地适应紧张的学业和生活；②适当地抒发情绪，找个时间和地点，发泄自己的情绪，可以是跑步、打球、写日记、找朋友聊天等方式；③养成乐观的态度，学会看到事物的积极面，以享受积极的生活体验；④学会自我调节，采取一些冥想或深呼吸等技巧，可以帮助缓解压力和负面情绪。

（3）寻求支持。①寻求专业帮助，保持沟通和联系心理医生和咨询师，通过学校心理咨询服务机构等途径，可以得到专业的帮助和支持；②寻找支持团体，通过参加学生组织等方式，与志同道合的人建立联系，分享他们的经验感受，相互支持鼓励；③取得家人和朋友的支持，家人和朋友是最亲近的人，他们的鼓励和帮助，会让我们更加坚强。

（4）养成健康的生活方式。

（5）加强自我心理调节。自我心理调节可以这样实现：①保持浓厚学习兴趣；②保持愉快的心情；③培养开朗的性格；④适度控制情绪和表达情绪。

（6）培养兴趣爱好。

（7）提高学习的兴趣。

（8）保持心境的良好和乐观向上的情绪。

（9）养成包容的性格。

（10）建立良好的人际关系。

（五）良好的社会适应性

健康的大学生活是大学生正确认知环境、顺利自我调节、良好适应社会的过程。

1. 良好的社会适应性的表现

（1）良好的心理和行为适应能力。这表明，大学生如果能够在心理和行为上对新环境、新挑战作出积极的反应，表现出开放的态度和适应的速度，就可以视为社会适应能力良好的表现。

（2）良好的自我管理能力。社会适应能力强的人都有一些共同特征。例如，能够很好地管理自己的生活，能够独立处理问题，有较好的动手操作能力和自学能力。这些都是大学生应该具备的良好表现。

（3）有效的人际交往能力。社会适应能力强的人一般情商比较高，懂得人情世故，很会做人，他们的人缘都非常好，人际关系也很好，人脉很广。这意味着这类大学生能够在与他人交往时展现出较高的社交技巧和合作精神，能够建立和维持良好的人际关系。

（4）应对挫折的能力。社会适应能力强的人通常有着很强的韧性，能够承受住很大的压力。大学生在面对学业、生活和就业的压力时，能够保持积极向上的心态，有效地应对各种挫折和困难，这也是社会适应良好的重要表现。

（5）积极的适应态度。大学生应该具备主动适应社会的能力，能够积极地调整自己以适应环境的变化。这种积极的态度不仅体现在学习和工作中，也体现在对生活环境的接纳和改善上。

2．实现良好的社会适应性的途径

（1）积极参与社会活动。积极参与社会活动是提高社会适应能力的有效途径之一。通过参与各种社会活动，大学生可以接触到不同的人和事，学习如何在各种情况下妥善处理问题。例如，通过参与社团活动、志愿者服务等方式，大学生可以锻炼自己的组织能力、沟通能力和团队协作能力，这些都是社会适应能力的重要组成部分。

（2）注意培养良好的沟通技巧，学会尊重他人和遵守社会规范。

（3）提升自我认知能力。提升自我认知能力是提高社会适应能力的关键。大学生需要正确评价自己，了解自己的优势和劣势，并据此制订个人发展计划。通过自我反思和评估，大学生可以更好地了解自己的需求和目标，并据此调整自己的行为和态度，以更好地适应社会。

（4）参与实践活动。通过参与实践活动，大学生可以将理论知识应用到实际生活中，从而提高自己的实践能力和社会适应能力。实践活动包括但不限于实习、兼职、调研等，这些活动可以帮助大学生了解社会需求、提升职业技能，并为将来的职业生涯做好准备。

（5）加强心理素质培养。加强心理素质培养是提高社会适应能力不可或缺的一部分。大学生需要学会面对挫折和失败，并从中吸取经验和教训。同时，他们还需要培养积极乐观的心态，学会调节自己的情绪和压力，以保持健康的心态。

（六）道德健康

道德健康，是指能够按照社会规范的规则和要求来支配自己的行为，能为人类的幸福作贡献，表现为思想高尚，有理想、有道德、守纪律。

大学生的道德健康是指大学生在道德方面的身心健康状态，涉及他们的信仰、品德、情操、人格等方面。大学生道德健康的几个关键特征如下：

（1）坚定而完美的人格信念。大学生保持坚定而完美的人格信念是衡量道德健康的一个重要标准。人格信念实际上是做人的准则，不仅停留在口头上，更重要的是落实在行动上。

（2）作风正派，遵纪守法。作风正派是遵纪守法的基础。道德健康者应坚持真理，敢于斗争，努力工作，乐于奉献，严于律己，团结群众，生活简朴，以苦为乐，对社会、朋友、家庭要善于承担责任。

（3）坚持真理，敢于斗争。

（4）善于学习，努力进取。道德健康者不满足于工作与学习的现状，善于从经验中学习，有改造世界的决心和信心，能不断攀登事业的高峰，在前进中获得满足，获得健康。

（5）严于律己，团结群众。严格要求自己，宽以待人，是一种高尚的品质，时常能赢得群众的欢迎。有这种品格的人善于团结群众，能获得一种健康的心理满足。

（6）生活简朴，以苦为乐。

（7）对社会、朋友、家庭要善于承担责任。

（8）善于学习，努力进取。

（9）谦虚谨慎，戒骄戒躁。这是做人的重要准则。

（10）容纳他人的进步与发展。

第二节　大学生活的常见问题

一、大学生活的适应能力较弱

大学新生面临的第一个问题是环境适应问题。高考前的竞争让他们避开了其他一切可以避开的问题，在父母和老师的庇护下一心一意读书、考试。好不容易来到了大学，却发现各方面都变了，变得自己难以驾驭和不知所措，这便是“不适应”。

（一）生活环境适应能力较弱

离开家乡尤其是远离家乡的学生，来到大学后，地理环境变了，衣食住行的要求和特点不一样了，他们会感到难以应对；同学的组成也由原来的同一居住地换成了五湖四海，家境悬殊；人文环境不再像以前一样单纯，让人感到孤单和落差。

（二）生活习惯适应能力较弱

读中学时，由于年龄的原因和高考的压力，在生活上父母会尽力给学生提供最大的帮助，学生的依赖习惯还没来得及改变。进入大学后，父母除了给学费和生活费，其他都管不上了。学习上没有人时刻盯着督促了；日常饮食起居，不再有人包办，变得非常自由；来自不同地方不同背景的同学，生活习惯还有差异。这时，他们不再随时有人可以依赖，一切都要自己动手解决，他们会感到郁闷、难以适应。有的学生开始放任自己，生活没规律，睡懒觉、逃课，把大把的时间挥霍在电子游戏中，等等。

（三）角色转换适应能力较弱

由中学生变为大学生，该如何给自己定位，是每个学生都想了很久的问题。但当自己成为新的角色时，还是会感到准备不足，无所适从。原本以为自己还不错的，会发现山外有山，人外有人，通过一番努力终究不敌之后，灰心丧气，继而转向沉沦；而原来对自己评价很低的学生，终于与优秀者为伍了，便觉努力与否不重要，运气才是最重要的，一天到晚照玩不误，充分利用大学的自由时间，玩得忘乎所以，能不能通过考试、能不能毕业，完全不放在心上。

（四）教学方法适应能力较弱

现行的中学教学方法通常是以老师为主导，老师怎样教，学生便怎样学；老师怎样安排，学生就怎样做；中学生的成绩是否优异，在很大程度上取决于老师。而且同一个老师所教的同一个班级，学生的成绩区别不是特别大。而大学教学方法不同，老师注重的是带学生进入专业领域，帮学生解答重难点问题，引导学生走向专业的高度，对课程基础知识的掌握程度需要学生自己花时间，不会像中学老师一样，告诉你怎么记忆、怎么运用，等等。新进入大学的学生就不适应了，与高中大相径庭的教学模式让新进入大学的学生很不适应，一些学生很长时间都不知道上课该怎样做笔记，不知道该怎么向老师提问题，不知道该怎么复习准备考试。进到图书馆只是东翻西瞧，不知道自己该看什么书，该找什么资料。因此，在大学，同一个班级的学生，通过四年的学习，他们在学业上的差别会很大。

（五）学习方式适应能力较弱

大学的学习是自主学习。课后，学生不仅要自主消化课堂所学内容，还要阅读和查找大量的相关书籍与文献资料，达到对所学知识的掌握和提升的效果。这实际上是自学，自学是一种学习能力。中学时，只要听老师的“话”就够了，把老师讲的知识掌握了，就能答高分。大学可不行，如果自学能力差，学得再辛苦也是枉然。有些学生在中学学得很不错，但到大学就不行了，当他们辛苦努力仍得不到提高时，挫败感可想而知，严重的还导致心理疾病。许多新生入学后不知道该如何安排课余时间，他们一方面抱怨课程太多，另一方面又抱怨课后没事做，这实际上是他们不善于自主学习的一种表现。

（六）学习动力不足

中学生的学习动力或多或少会来自考大学，若只是把考上大学当成动机的话，在大学就不会有学习动力了，尤其是一些自控能力较差的学生。这些学生缺少忧患意识，缺少社会生活磨炼，当然更谈不上远大的理想和正确的人生观。

（七）人际关系适应能力较弱

中学生的人际关系比较简单，社会对中学生的要求也比较低，但大学生就不一样了。进入大学后，一是同学的来源广泛了，各有不同的成长背景和生活习惯、语言风格、情感倾向；二是长大了，社会是以成年人的标准来要求大学生的；三是一些同学缺乏经验，不善于表达；四是没有家长和老师随时提示、监督、处理，因此大学新生的不适应症首先表现在人际关系的处理上。有的同学在新奇中言行失了妥当，有的同学在自卑中变得孤独和压抑，情绪激烈时会产生摩擦和冲突。

（八）管理模式适应能力较弱

中学生是被“管”着长大的，中学老师尤其是班主任天天管着学生。但大学不一样了，大学老师不会天天围着你转，辅导员也不会全程监管你。在大学，只要你不违反校纪校规，环境相对自由和宽松。这种管理模式是读书的理想模式，也是创新的必备条件，可刚从中学走过来的大学新生们被管惯了，突然无人管，不习惯，不知道该做什么，不知道怎样分配时间。

二、大学生活的规划不太合理或欠缺

作为新生，无论你有没有将生活规划写出来，在你的心里，都应该是有规划的。但有规划不等于能执行规划，很多新生的生活规划是不合理的。

（一）对自我缺乏正确认知

一个有效的生活规划必须在正确认识自身条件与相关环境的基础上制定。对自我的评估，包括兴趣、特长技能、优势劣势、个人特质、生涯目标、生活方式偏好、社交和领导能力等方面。若评估不正确，他们可能会在生活中陷入迷惘。如一个根本就不会唱歌的学生，一定要规划自己成为网红歌手，就太不现实了。有些学生可能会因为看到别人做什么而盲目跟风，而不是根据自己的实际情况制订计划。这种情况下，他们可能会因为缺乏个性化的规划而无法有效地利用自己的时间和资源。

（二）目标和计划不明确

一是目标规划不明确。大学四年，你的各方面要提高到什么程度，必须明确，必须量化，明确了才好努力。有的同学说，我反正是要争取很大的提高，或者我要学有所成。这些都是模糊的词语，不知道那个“提高”是何种高度，那个“所成”是何种标准。

二是计划不明确。计划是实现目标规划的步骤。例如，如果希望提高自己的学业成绩到某个基点，那么可能需要制订一个详细的学习计划，包括上课时间、复习时间、作业完成时间等。又如，如果希望提高自己的社交能力和领导力，那么加入学生会或参与其他社团活动可能是一个不错的选择。

许多大学生在进入大学初期缺乏对未来的清晰规划，他们还没有明确的专业方向，对自己的职业道路也没有明确的想法。这样的学生很容易在大学期间感到迷惘，不知道应该如何分配时间和精力。

（三）规划中缺少能力提升目标

大学生活是提高大学生综合能力的过程。有的学生对学业目标规划得很好，如基点要达到多少、资格证书要考几门等，但对于提高个人能力的目标却很少提及，如是否参加某种社团组织、规划何时何地参加何种社会实践等。这样的规划是不全面的。实际上某一方面能力的提高与综合能力的提高是相辅相成、相互促进的，制定目标应该要全面，尤其要重视能力提高目标。

（四）社团活动时间安排不合理

大学生通过参与社团活动和团队项目，可以锻炼自己的人际交往和团队合作能力，参加这些活动的时间太少，会影响社交能力的提高。反过来，过度参与社团活动会占用大量的学习和休息时间，导致学业成绩下降，且无法保证足够的睡眠和休息。此外，如果学生在社团中担任职务，可能会面临额外的压力和责任，进一步影响到学习和生活的平衡。

（五）计划缺乏灵活性和适应性

大学生活充满了不确定性和变化，合理的规划应当具有一定的灵活性，以适应这些变化。缺乏灵活性的规划可能会难以应对突发事件，影响人的全面发展。

三、对未来的人生定位不太清晰

大学生对未来的人生定位不清晰的表现为缺乏明确人生目标和职业规划。

（一）缺乏明确的人生目标

大学生对未来的人生定位不清晰的一个明显表现是缺乏明确的人生目标。他们可能不知道自己想要什么，或者对未来的职业、生活方向没有明确的规划。

缺乏明确人生目标的原因是多方面的。一方面，很多大学生在成长过程中对生活和职业缺乏足够的体验和认知，导致进入大学后无法清晰地确定自己的发展方向；另一方面是家庭教育的影响。许多父母过度干预子女的生活和职业选择，导致大学生在选择专业和规划未来时缺乏自主性和明确的方向。此外，大学教育体系本身也可能存在缺陷，如过于侧重学术研究而忽视了对学生职业规划的指导。

没有明确的目标会导致大学生在学习和生活中缺乏动力和方向，容易受到外界环境和压力的影响，从而做出盲目而不明智的选择；缺乏目标的人可能会陷入迷惘和失落，无法充分发挥自己的潜力，错过了个人成长和发展的机会；缺乏明确的人生目标还可能导致大学生在面对职业选择时感到无助和困惑，无法有效地规划自己的职业生涯。

（二）对职业选择犹豫不决

大学生在面对选择专业和职业道路时，有时会感到困惑和不安。他们可能会在这个问题上纠结很久，无法决定自己真正感兴趣的领域或者未来想要从事的职业，主要原因有四。第一个原因是，在校期间缺乏有效的职业规划和自我认知，对自己的兴趣、能力、价值观等方面的了解不足。第二个原因是，心理误区和外界干扰。例如，认为选择热门专业就一定能找到好工作，或者过分强调工作经验而忽视了学习的重要性。第三个原因是，外界因素如家长的压力、同学之间的对比等也会对大学生的职业选择产生干扰。第四个原因是，对未来就业市场的不确定性和担忧。当前的就业市场充满不确定性，大学生对未来就业选择存在着一定的迷惘。一方面，他们面临着激烈的就业竞争，毕业后未必能找到合适的工作岗位；另一方面，多种原因使他们可能学习了自己不愿意学的内容，从而导致他们在职业选择上犹豫不决。

这种不确定性导致他们在大学期间缺乏动力和方向感，甚至缺乏自信和自我效能感。他们不相信自己有能力实现自己的目标，或者对自己的能力持怀疑态度，从而低估自己，不敢去追求更大的梦想。

四、阶段性目标与总体目标的衔接不太到位

目标管理是大学生自我管理的一种重要方式，合格大学生的成长需要目标。大部分学生会有较好的目标设定，但阶段性目标与总体目标经常不能很好地衔接，使得目标难以达成。目标衔接不到位主要表现在下以几方面。

（一）阶段性目标的设定无所依循

部分大学生在设定阶段性目标时，没有一个明确的总体目标作为指导，很容易导致各个阶段的目标出现偏离，无法形成一个有机的整体。例如，他们可能会在某一阶段过分专注于某项技能的提升，而忽略了其他领域的均衡发展。

（二）阶段性目标设置不当

部分大学生在设定阶段性目标时，可能会因为对自身能力和资源的误判而导致目标过高或过低。过高的目标会导致他们在面对困难时感到挫败，进而影响整体积极性；而过低的目标则可能导致他们在完成后没有实质性的成长，无法有效地推进总体目标的实现。比如，一个学生计划一个短期内要通过某项资格考试的目标，但这个目标与其未来想要从事的职业或者长远的职业规划并没有直接的关系。

（三）不同阶段的目标缺乏有效的衔接与过渡

不同的大学阶段有着不同的特点和挑战，如果大学生在设定阶段性目标时没有考虑到这些阶段之间的衔接和过渡，可能会导致他们从一个阶段向另一个阶段过渡时遇到困难。例如，他们可能在大一时没有为大二的专业的深入学习作好准备，导致在大二时感到无所适从。

（四）缺乏对总体目标的持续审视和调整

大学阶段是一个人快速成长和变化的时期，大学生可能会随着自己的兴趣、能力

和环境的变化而改变自己的总体目标。如果缺乏对总体目标的持续审视和调整，在制定和实施阶段性目标时会感到困惑。

（五）缺乏阶段性的成果检验

学生可能会专注于设定目标，但在执行计划和检查进展方面做得不够。如果没有定期检查阶段性成果，就很难确定是否需要调整目标或策略以确保与总体目标的一致性。

（六）忽视外部环境变化

大学生在规划时可能过于关注个人因素，而忽视了行业动态、市场需求等外部环境的变化。这会使得规划与现实脱节，导致目标难以实现或者不再符合个人的最佳利益。

第三节 大学生活中与他人关系的处理

与人交往是生活之必然，也是一门学问，更是一种能力。青年学生在大学中既要学习专门知识和技能，也要学习如何正确地处理人际关系。

一、建立良好的人际关系

人际关系是指人与人之间在社会生活中的相互作用中发生的关系。人际关系反映了人与人之间的心理距离。

（一）大学生人际关系的类型

（1）师生关系。它是大学生人际交往中最重要的关系。

（2）同学关系。它是大学生人际交往中的主要关系。大学生在校具有多重角色，交往圈子多，构建的人际关系比较复杂，主要的人际关系有：班级同学关系、宿舍同学关系、老乡关系、社团成员关系等。

（3）恋人关系。大学里不提倡大学生恋爱，但是处于青春期的大学生萌发了爱的意识，渴求与异性交往，于是大学生谈恋爱成为一个不争的事实。大学生恋爱的原因有六点：①情感需求；②感情寄托；③从众心理；④攀比心理；⑤精神空虚；⑥对大学恋爱的最终结果并不看重，只希望借此来丰富自己的恋爱经验。

（二）大学生人际关系的特点

（1）师生关系的特点：一是民主性，二是平等性，三是合作性。

（2）同学关系的特点：①班级同学关系的主要特点：时间跨度长；交往对象多；

接触频率高。②宿舍同学关系的主要特点：交往对象少；关系更紧密。③老乡关系的主要特点：交往内容单一；联系较为松散。④社团成员关系的主要特点：交往目的明确；接触机会有限；联系较为松散。

（3）恋人关系的特点：交往对象特定；交往频率较高；表现方式直白。

（三）大学生人际交往的重要性

（1）人际交往维护大学生健康成长。与人交往是大学生活的必需，大学生的生理和心理状态正常与否，是建立在一定人际关系基础上的；人际关系还会影响大学生的情绪情感变化以及精神生活。

（2）人际交往支持大学生走向成功。学习本质上是一种信息的交流与获取过程，离开了人际交往，知识便无从获得。大学生的自我认识、自我完善需要人际交往，大学生的个人成长以及社会发展更需要人际交往。

（四）大学生人际交往能力的培养

1．成功交往的原则

（1）平等原则。平等原则是指交往的双方人格上的平等，平等是人际交往成功的前提。

（2）尊重原则。尊重是人际交往的基础，包括自尊和尊重他人。自尊意味着在各种场合都要维护自己的尊严，不自暴自弃。尊重他人则涉及尊重别人的生活习惯、兴趣爱好、人格和价值。只有尊重别人才能得到别人的尊重。

（3）真诚原则。真诚是人际交往中最重要的原则之一。以诚相待、信守诺言，既能赢得别人的信任，也能建立起深厚的友谊。

（4）互助互利原则。互助就会互利，与人交往切忌损人利己。

（5）讲究信用。讲信用就是要说真话、说话算数。

（6）宽容原则。在与人交往时，应当严于律己，宽以待人，接受对方的缺点。宽容是人际交往中的重要品质，斤斤计较、苛刻待人或得理不让人，最终会被他人疏远。

2．成功交往的方法

（1）掌握语言艺术。①称呼要得体。恰当而得体的称呼能拉近心理距离，营造良好的心理气氛。得体的称呼要视对方的年龄、身份、职业而定，也要恰当地反映相互之间的亲疏远近关系。②说话要有礼貌。礼貌代表尊重他人也尊重自己，礼貌可以赢得对方的好感。③真心赞美他人。赞美是人际交往中非常有效的技巧。当人们对自己的优点和长处得到别人的认可和赞美时，他们会感到感激，并倾向于对赞美者产生好感。然而，赞美应当适度且真诚，过度的赞美或不切实际的赞美可能会产生相反效果。比如，你问了某同学一个学习上的问题，同学给你解答了，你夸赞一句：“你真牛！”第二次，你又问了这个同学问题，但这次他答不出来，你想安慰他，你照样来一句“你真牛”，效果可想而知。

（2）运用非语言艺术。非言语交往手段在人际交往中扮演着重要的角色。这包括面部表情、身段表情以及其他非言语信号。例如，微笑可以照亮他人的心灵，给人一种温暖的感觉。记住对方的名字并正确称呼对方，这被认为是一种巧妙的赞美，表明你对对方的重视。

3．提高人格魅力

提高魅力即提高吸引力，可以如下这样做：

（1）建立良好的第一印象。在与别人发生最初交往时，我们的仪表、态度和行为都会影响别人对我们的印象。需要注意的是，不仅要外表整洁、大方，更要待人真诚、热忱，做一个忠实的听众。

（2）注意形象和风度。

（3）养成良好的个性。

（4）加强交往，密切关系。

（5）克服人际交往中的偏见，如以偏概全、刻板印象、心理定势等。

二、理性对待爱情

大学生的爱情是幸福人生的序曲，是多彩生活的元素。情感的本质是非理性的，但需要理性来指引和呵护。

（一）大学生恋爱的原因

1．身心发展的需要

大学生通常处于生理和心理发展的关键时期。随着性器官和第二性征的发育并逐渐成熟，性意识的觉醒和性冲动的出现会使许多大学生感到不安与羞涩。这种生理上的变化会导致他们开始关注异性，并渴望与异性建立亲密关系。

2．情感需求和认同需求

人在恋爱中可以获得两种基本的心理需求的满足：一种是无条件被人接纳的需求，另一种是在他人心中占据首要地位的需求。此外，爱情还可以使他们在学识、人品、能力、志趣、价值观等方面获得认同与肯定。认同需求在恋爱关系中占据主导地位，使得爱情双方能够理解和包容彼此的差异。

3．从众心理和攀比心理

大学生可能会因为从众心理或攀比心理而选择恋爱。例如，看到周围的同学都在谈恋爱，有些人可能会感到压力，从而加入这场洪流。另外，有些人可能因为羡慕那些有伴侣的同学而选择恋爱，以满足自己的虚荣心。

4．环境的宽松

与中学相比，大学校园相对宽松自由。大学生学习强度相对较低，对课余时间的支配有较大的自主权。对于大学生的恋爱行为，老师、家长和学校所持的态度也比较宽容，大学生在异性之间的接触不再像中学时那样引起周围同学的广泛关注。相对宽松自由的环境为大学生自由地释放自己心中的感情创造了条件。

（二）当代大学生恋爱的特点

当代大学生恋爱的特点包括：①注重恋爱过程，轻视恋爱结果；②恋爱观念日益开放，传统道德逐渐淡化；③对失恋承受能力较弱。

（三）大学生恋爱中存在的问题

（1）重现在，轻将来。将来不可预测，现在爱着就行。看似纯粹，实则世俗和实用。一场不要未来的恋爱，能用心投入吗？能有美好的情愫吗？

（2）重感情，轻理智。轻率冲动、容易感情用事，是大学生这个年龄阶段的心理特点，反映在恋爱问题上，则存在着“重感情，轻理智”的心理误区。统计资料表明，谈恋爱的大学生发生两性关系的比例正呈逐年上升趋势，这说明有相当一部分同学谈恋爱时往往容易在一时的感情冲动之下发生两性关系。

（3）重外表，轻内在。在大学校园里，恋爱之风盛行的一个很重要的原因就是大学生往往容易被对方漂亮的容貌、迷人的风度、潇洒的舞姿、能辩的口才等外在因素吸引而产生倾慕之心，因此大学生的恋爱也更容易“一见钟情”。

（4）重享受，轻追求。

（5）重爱情，轻友情。

（四）树立正确的恋爱观

（1）应把追求美好、情操高尚作为恋爱的第一标准。

（2）恋爱态度要严谨，更要志同道合。

（3）要正确处理爱情与学业之间的关系。

（4）正确对待失恋。失恋造成的痛苦会严重影响大学生的身心健康，若不幸失恋了，建议：①勇敢面对；②找合适之人倾诉；③寻找感兴趣的事物，转移情感；④拿起笔来总结自己的优点；⑤立志；⑥克服“单相思”。总之，一是理智地分析双方，明确恋爱是男女双方两相情愿的事情；二是减少接触，实现情感的自我调节。当这一切经历完了，便长大了，成熟了。

第四节　追求进步，全面发展

一、积极向党团组织靠拢

中国共产党和中国共青团在高校都设有基层组织，他们是先进青年的政治思想家园。

（一）学生共青团组织

中国共产主义青年团是中国共产党领导下的先进青年的群团组织，是中国共产党的助手和后备军。高校共青团组织通过各种活动，教育引导团员青年用马列主义、毛泽东思想和中国特色社会主义理论体系武装头脑；促进创新创业、提升综合能力；加强同学关系、促进班级团结、丰富课余生活；推进志愿服务活动，培养学生的社会责任意识等。

大学里共青团的组织机构通常有三个层次：学校团委、院系分团委（团总支）和班级团支部，班级团支部是共青团在高校中的基层组织。

青年大学生应该积极参加团的活动，使自己在活泼健康的氛围中成长。

（二）大学生党支部

大学中的学生党支部是高校教育体系中不可或缺的一部分，在学生的日常管理和思想政治教育中发挥着至关重要的作用。大学中党的组织机构设有三个层次，即学校党委、院系党委、有三个以上党员的班级党支部。

（三）积极向党组织靠拢

积极向党组织靠拢，是大学生提升自我素质的重要方面。

（1）入党的基本条件。根据《中国共产党章程》的规定，年满 18 岁的中国工人、农民、军人、知识分子和其他社会阶层的先进分子，承认党的纲领和章程，愿意参加党的一个组织并在其中积极工作、执行党的决议和按期交纳党费的，可以申请加入中国共产党。

（2）入党的基本程序。党章规定了党员标准，也规定了入党的基本程序。办理入党手续的程序如下：①要求入党的人必须向党组织提出申请。②在确定发展对象后，对符合条件者，要求其填写入党志愿书。③有两名正式党员做介绍人。④党组织对发展对象必须进行政治审查。⑤接收新党员必须经过支部大会讨论，并且作出决议。⑥上级党组织派人谈话和审查批准。⑦发展对象被批准为预备党员后，要面向党旗进行入党宣誓。

（3）大学生党员及其作用。①大学生党员是一群具有共产主义理想信念、渴望成长成才、不断完善自我，在大学生中发挥先锋模范带头作用的青年人。大学生的入党标准：一看对党的认识，入党动机要端正，理论学习态度要端正；二看业务学习的态度和学习成绩，学习成绩要优秀；三看对待社会工作的态度，如关心和帮助同学，认真做好本职工作，起到积极分子的作用；四看群众基础，要得到大家的一致好评；五看对自己的态度，要正确看待自己的优点和缺点；六看党支部培养、教育、考察的程序是否符合要求。②大学生党员的作用：思想上的先进作用；学习上的带头作用；工作上的榜样作用；生活上的模范作用。大学生党员的榜样作用体现在以下三个方面。第一，增强工作的责任感，强化责任意识，尽职尽责，埋头苦干，扎实工作。第二，树立良好的服务意识。第三，坚持高标准、严要求，在学习工作中树立党员的形象。严格要求自己最重要，凡是要求别人做到的，自己首先要做到；凡是要求别人不做的，自己坚决不做。

（4）在向党组织靠拢中提高思想政治素质。①在学习党的基本理论中认识党，牢固树立为共产主义奋斗终身的信念；②在学习党的章程和基本知识中了解党，增强党性原则；③以实际行动争取早日加入党组织。

大学生入学后除了在学习、能力方面培养和提高自己之外，还要在思想上有新的追求，以实际行动积极向党组织靠拢，以党员的标准来规范自己的言行，争取早日加入党组织。

二、在社团组织中磨炼自己

大学生社团是高校一种特殊的群众组织，是大学生依据个人兴趣、爱好、特长或自身需要为基础而组成的自主开展活动的志愿性团体，学生社团具有自我服务、自我教育、自我管理和自我发展的功能。不同类型的社团活动对大学生起到思想政治教育、文化知识技能教育、心理健康教育等多种教育作用。

（一）大学生社团组织的类型

（1）政治思想类。在大学校园中，政治思想类社团通常是指那些以探讨、研究和传播特定政治思想、理论和意识形态为主的团体。这些社团往往承载着重要的社会责任和校园文化建设的任务，如“青年马克思主义者学习小组”“争鸣学社”等。

（2）专业学术类。专业学术类社团是大学校园生活的重要组成部分，它们为学生提供了深入探讨和分享各自领域的知识和技能的平台。这些社团不仅丰富了校园文化，也对提升学生的综合素质和培养团队精神起到了积极的作用。如史学社、文学社、化学社和法学社等。

（3）科技创新类。此类社团是以推动科技进步和创新为主要目标，通过组织和参与各类科技活动，提升成员的创新意识和实践能力。这些社团往往对学术研究和技术开发有着浓厚的兴趣，并且热衷于探索和解决现实世界中的问题。如机器人社、AI社和算法社、大学生科技协会、大学生青春创业社等。

（4）艺术兴趣类。艺术兴趣类社团为具有艺术特长和兴趣的学生提供了一个展示才华、提升技能和相互交流的平台。如合唱团、吉他社、钢琴社、街舞协会、漫画社、相声社等。加入艺术兴趣类社团不仅能让学生在繁忙的学习生活中找到乐趣，还能帮助你结交志趣相投的朋友，提升艺术修养，甚至在未来的职业道路上发挥意想不到的作用。

（5）体育健身类。体育健身类社团涵盖了篮球、足球、乒乓球、羽毛球、排球、健身等多种球类和健身项目，这些社团定期组织比赛和训练，帮助学生在锻炼身体的同时提升球类技能，并有机会参与各种比赛。此外，还有一些特色体育社团，如游泳社、武术社、射箭社等。

（6）公益服务类。公益服务类社团是指那些以促进社会公益、提供志愿服务、参与社区服务和提升社会责任感为目的的学生组织。这些社团通过组织各种公益活动，不仅帮助了需要帮助的人群，也提升了成员的社会实践能力和团队协作能力。

在大学里，公益服务类社团多种多样，包括红十字会、环境保护协会、招生服务协会等各种类型的组织。它们各自有着不同的侧重点和服务领域，但共同的目标是推动社会公益事业的发展，并在学生中弘扬志愿服务精神。

（二）大学生社团组织的特点

（1）社团组织的层次性。

（2）活动内容的广泛性。

（3）活动形式的多样性。

大学生社团的活动形式有：文艺活动、体育活动、科研活动、竞赛活动、公益活动、社会调查与实践活动等。其中，竞赛活动和公益活动都是各种学生社团组织都具有的活动形式之一。

（三）大学生社团的积极作用

市场经济不但要求大学生掌握现代科学技术知识，建立最佳知识结构，而且要有较合理的能力结构，成为具有渊博知识和较高能力的开拓型、创造型人才。但是，大多数学生的社会经验和实际工作能力相对缺乏，有的学生明显存在着“高分低能”的弱点，这种状况与社会对人才的需求存在较大的差距。那么，参加社团活动就成了缩小这个差距的有效途径之一，是提高大学生在人才市场的竞争力的重要渠道。学生社团虽然规模大小不一，活动内容和形式不同，但它们的作用却是相同的。

（1）社团活动为同学们接触社会提供了多种途径。

（2）社团活动促进了第一课堂的学习。

（3）社团活动锻炼和培养了学生的组织管理能力和社交能力。

（4）社团活动是提高大学生综合素质的好形式。

当然，参加社团不能随意，大学生应该结合自己所学专业和爱好选择所参加的社团。同时，选择社团时要合理安排时间，充分利用时间，处理好“博”与“专”的关系。另外，选择社团时要注意重点，为培养某方面的能力创造条件。最后要注意的一点是参加社团要持之以恒，不可朝秦暮楚。

（四）对新同学的几点建议

新生入校后，面对各类社团，很多人有试一试的冲动。这种情况符合青年人的性格特点，值得鼓励。鉴于学生社团在大学生人生成长过程中的积极作用，只要没有大的冲突，建议大学生在校期间还是应当有一个在社团锻炼的经历。这里，对同学们提出如下建议：

（1）重新审视自己的专业、兴趣、特长和将来的发展方向。

（2）了解学校关于社团管理的制度及支持办法。

（3）选择加入社团的合适方式。

（4）努力培育“社团人”的基本素质。一是努力工作，认真锻炼；二是坚韧不拔，百折不挠，为社团的发展尽最大努力；三是善于动脑，积极创新，努力维护社团的独特魅力。

大学生的社会活动丰富多彩，有校园内的各类学生社团活动，也有在假期或课余时间走出校园的以科教文化服务、社会调查、公益劳动、文明共建等为主要内容的实践活动。社团能让同学间的感情更为深厚，沟通更为顺畅，人与人间的友谊更为单纯化，也让我们体会到什么是真正的大学，感受到大学生活的绚丽多姿。

三、在公益活动中陶冶情操

公益活动是指一定的组织或个人通过向社会捐赠财物、时间、精力和知识等方式，以支持某项社会公益事业的公共关系实务活动。这些活动通常是为了公众的利益。

（一）大学生公益活动的类型

（1）教育类公益活动。教育类公益活动主要是针对教育资源的合理分配和利用，以及提高学生的阅读兴趣和文化素养。例如，大学生可以组织“捐书活动”，将不需要的图书捐赠给贫困地区的学生，以帮助他们拓宽知识视野。

（2）文化传播类公益活动。通过举办文化节日庆典、艺术展览和文化交流活动，促进多元文化的理解和欣赏。例如，大学生可以组织专题文艺演出，以丰富文化生活。

（3）环保类公益活动。环保类公益活动是出于对生态环境的保护而进行的一系列活动。例如，大学生可以组织“回收领腾讯公益小红花”活动，呼吁大家环保减碳排，通过回收旧物来为环保事业贡献力量。

（4）社区服务类公益活动。大学生可以组织“社区清洁”活动，帮助社区居民维护居住环境的整洁。

（5）健康类公益活动。健康类公益活动主要是针对大众的健康状况和需求，提供相关的健康指导和服务。例如，大学生可以组织“无偿献血”活动，鼓励健康公民积极参与献血，以救助需要血液的患者。

（6）志愿者服务类公益活动。志愿者服务类公益活动是大学生可以参与的各种志愿服务活动。例如，大学生可以组织“关爱老人”活动，前往敬老院看望老人，为老人提供陪伴和关心。

（7）创新型公益活动。创新型公益活动是指具有创新理念和方法的公益活动。比如，大学生可以组织“长腿叔叔信箱”项目，通过书信的形式与留守儿童进行互动，陪伴他们成长。

以上只是公益活动的一部分类型，实际上还有很多其他的类型。

（二）大学生参加公益活动的意义

当代大学生参与公益活动不仅对社会有着积极的影响，同时对其个人成长也有着重要的意义。

（1）对社会的贡献与影响。大学生参与公益活动有助于推动社会和谐与进步。例如，通过志愿服务，大学生可以为社会弱势群体提供帮助，如老人、儿童和其他需要社会支持的人群。这些活动不仅能够为这些人群带来实质性的帮助，还能给予他们心理上的慰藉和支持，从而有利于社会稳定、和谐。

（2）提升个人能力与素质。参与公益活动对于大学生来说，是一个锻炼组织策划、组织协调、随机应变等能力的机会。这些经历有助于他们在实践中学习和成长，提高理论联系实际、理论指导社会实践等各方面的综合能力和综合素质。

（3）塑造良好的社会形象与个人品格。大学生参与公益活动有助于塑造良好的社会形象和个人品格。通过参与公益，大学生能够展现出关心公益事业、勇于承担社会责任、为社会无私奉献的精神风貌，这对于个人的职业生涯和未来的发展都是非常有价值的。

（4）促进个人价值观的形成与发展。参与公益活动有助于大学生培养社会责任感和端正社会价值观。通过亲身参与，他们能够更加深刻地理解社会的需求和不平等现象，进而激发自身的同情心和正义感，对于他们的个人成长和社会责任感的形成具有重要意义。

（5）增强个人幸福感与满足感。参与公益活动不仅能够帮助他人，同时也能够增加自己的幸福感和满足感。当看到自己的努力能够为他人带来快乐和改善时，大学生志愿者会内心感受到喜悦和成就感。这种正面的情感体验对于提高生活质量和个人幸福感有着积极作用。

大学生通过参加公益活动，不仅能够为社会作出贡献，同时也能陶冶情操，使个人的情感和思想得到提升和净化，形成更加高尚的精神风貌。

（三）对大学生参加公益活动的建议

（1）大学生在参加公益活动时，应该注重公益精神的培养。公益精神是指愿意为社会公共利益而付出努力和牺牲的精神。它要求大学生在参与公益活动时，不仅仅是为了获得某种外在的回报，比如荣誉、奖励或者是为了简历加分，而是出于对社会公共利益的真诚关怀和对社会责任的深刻认识。

（2）大学生应当积极参与社会实践，将理论知识与社会实践相结合。社会实践是检验和应用理论知识的有效途径，也是培养和锻炼实际工作能力的重要手段。通过参与公益活动，大学生可以更好地了解社会现状，增强对社会问题的认识，同时也能提升自己的沟通能力、组织能力和领导能力等。

（3）大学生在参加公益活动时，可以选择那些能够发挥自己专业特长的活动。这样不仅能更好地服务于社会，也能在实践中巩固和提高自己的专业知识。例如，学习医学的大学生可以选择参加健康宣传、义诊等活动；学习环境科学的大学生可以选择参与环保项目等。

（4）大学生还应该充分利用学校和社会资源，积极寻找和创造参与公益活动的机会。学校给各种学生组织和社团会定期举办各类公益活动，大学生可以通过加入这些组织，参与活动。同时，也可以通过网络平台，如社交媒体、志愿者招募网站等，找到适合自己参与的公益活动。

（5）大学生在参加公益活动时，要注意合理安排时间，做到学习、生活和公益活动的平衡。

四、在自我管理中茁壮成长

（一）学会消费

消费是生活的基础方面，大学生的独立生活是从独立消费开始的。

1．大学生消费内容

大学生消费的内容可以分为四个方面。一是基本生活消费，即能够维持正常生活所必需的费用支出，比如正常的饮食消费和购买生活必需品的消费。二是学习费用，包括学费、购买参考书、考证报名费、购买电脑等。三是休闲及娱乐消费，包括旅游消费、娱乐消费、休闲消费等。四是人际交往消费，包括人情消费、恋爱消费、通信消费等。

2．大学生消费的特点

大学生消费的主要特点是：①消费的不平衡性。指不同学生的消费支出不平衡，差别大。②消费的多样性。③消费节奏加快。大学生很容易融入快节奏的消费方式，潮流、前卫，对日常消费品的更新速度快。④时尚消费增加。⑤攀比消费严重。⑥消费的超前性。是指超出自己应有支付能力的消费，透支未来的收入。⑦男、女生的消费水平和消费结构不同。⑧消费的从众性。

3．大学生消费行为的原因

大学生的消费行为，一是由大学生的人生观、价值观导致的，二是家庭教育行为的不当，三是社会环境的影响，四是大学生自身的或心理的原因，五是教育的薄弱，六是广告传媒的作用。

4．树立正确的消费观念

正确的消费，是指消费要与自身的支付能力相适应；不能浪费社会资源；要有利于身心健康。

大学生要有正确的消费观念，这些观念具体包括：①适度性消费。适度性消费的“度”，是指大学生的支付能力，有多少钱办多少事，不能脱离自己的实际情况。②有计划消费。消费要有计划，各种支出要合理安排，不能随心所欲。③有主次消费。大学生的支出应先保证学习和基本生活，然后才是文化娱乐。④自立性消费。大学生绝大部分已经成年，却过着“寄生性消费”的生活，尽管情有可原，但不能心安理得。勤工助学的方式早已有之，国外亦非常普遍，只要条件许可，大学生就应该积极进行勤工助学，让自己的消费里面添加自立的成分。而且勤工助学是有偿实践活动，对提高学生的能力和素质意义非凡。⑤正确对待金钱。⑥培养良好的消费方式。消费方式要健康、节约、有效益。

（二）学会安排课余生活

大学是人生最美好的阶段，是过渡到成人的关键时期，也是实现自我价值的理想场所。

（1）课余时间干什么？①积极参加一些校内活动，结交一群志趣相投的好友；②走出校园，接触社会，参加各种社会实践活动；③阅读与专业互补的书籍，提高自身综合实力；④动手搞科研或调查，培养创新与实践能力；⑤树立务实的意识。

（2）课余时间管理的技巧：①该做的事现在就做；②对不该做的事学会说“不”；③要有时间价值观念；④积极休闲；⑤集腋成裘；⑥搁置的哲学。

（3）如何安排课余生活？①分析和评价欲参与的活动；②针对重大节假日和休闲项目制订休闲计划；③留足体育锻炼时间；④计划进行文体活动；⑤计划阅读；⑥找机会兼职。

（4）课余时间学会锻炼。身体是从事一切活动的“本钱”，也是一个人心理健康的物质基础。坚持锻炼的方法有：①按时作息，养成早睡早起的习惯；②远离不良生活方式；③在思想上认识到体育锻炼的重要性，不要认为自己做不到，而是要不断暗示自己完全可以做得更好；④制订专门的锻炼计划，并持之以恒；⑤在开始锻炼时修炼自己的意志力，相信自己的坚持力，不断开发自己的潜力。

（三）正确使用网络

1．大学生网民的特点

上网已经成为中国在校大学生的一种日常生活方式。大学生网民的特点是：①娱乐上网；②长时间上网；③无节制上网。

2．网络对大学生的积极影响

网络对大学生的积极影响：①有利于激活大学生的创新意识；②便于大学生产生

协同学习的观念；③网络文化增强了大学生学习知识和查找资料的高效性；④符合大学生的心理特征；⑤有利于改善大学生人际交往关系；⑥有助于创新大学生思想教育的手段和方法。

3．网络对大学生身心发展的消极影响

网络对大学生身心发展的消极影响包括：①上网成瘾，上网成瘾是一种新型心理疾病；②信息污染，表现为不良网站和不良网民对互联网造成的污染，如色情传播和交易、恶意交友、诈骗等；③人际关系淡化；④道德弱化，大学生道德意识呈现弱化趋势，网络文化使道德缺失现象严重；⑤沉迷网络，耗财、耗力、耗时，耽误学业。

4．大学生如何正确使用网络

首先，上网言行应该体现正确的价值取向，其次，应合理地安排上网时间，最后，要正视现实生活，加强与现实中的人际交往。

5．大学生要安全使用网络

安全使用网络包括：注意保护个人隐私；注意辨别真假信息；注意个人人身安全；注意文明上网。

网络世界是现实世界的延伸，在互联网上的不当或不法言行会在现实世界造成恶性后果和受到惩罚。大学生上网要言行健康，要学会拒绝和远离各种诱惑，避免遭受或实施网络暴力。

（四）提高身体素质

1．身体素质的含义

身体素质即身体在工作和生活中的负荷能力以及健康水平。身体素质是衡量一个人身体机能强弱的重要指标，是人的一切素质的基础。

2．身体素质的重要性

良好的身体素质是学习和生活的基础；良好的身体素质能增强自信；良好的身体素质能给人带来快乐。

3．大学生身体素质现状

我国大学生的平均年龄一般在19~23岁之间，在相对稳定的大学生活阶段，学生身体素质应该不断地提高或保持在较高的水平上。但是现状是，大学生的身体素质普遍下降。调查表明，现在大学生投入锻炼的时间很少，普遍对体育锻炼缺乏兴趣，不能形成良好的锻炼习惯，锻炼效果不是很好，当前大学生的身体素质存在很大隐患。

4．造成大学生身体素质水平偏低的原因

（1）应试教育体制下轻体育、轻锻炼、轻体能的结果。

（2）大学生本身对体育锻炼的认识不足。

（3）受不良生活习惯和生活方式的影响，如离不开网络、电游，生活不规律等。

（4）就业压力过大，很多学生为了增加就业机会，参加各种培训课程，参加各种证书和资格的考试，以便将来增加就业筹码。这样一来，用于进行体育锻炼的时间就少了或者没有了。

5．大学生应该如何提高身体素质

（1）加强体育锻炼。加强体育锻炼先要明确锻炼目标，并合理安排锻炼时间，合理选择锻炼内容，合理安排运动负荷。

（2）学会保健。学会保健要掌握必要的保健知识，并做到合理饮食和有规律生活。

大学生肩负着中华民族伟大复兴的使命。提高大学生的身体素质，无论是对个体的发展，还是对响应国务院“全民健身”的号召都有着重要的意义。大学生是国家富强、民族振兴的最强音，只有拥有高深的学问和高尚的品德，并同时拥有强健的体魄、坚强的意志，才能促进整个中华民族素质的提升和中国梦的实现。

案例思考

小红该如何适应大学生活？

小红（化名）是一名大学新生，她在高中时期是品学兼优的学生，但在进入大学之后，她发现一切都变得不再那么顺利。课堂上的知识变得更加深奥，学习的压力也随之增大。同时，远离家乡，身处异地的小红也感受到了前所未有的孤独感。她发现自己很难融入新环境，与同学们的交往也显得格格不入。随着时间的推移，小红开始产生逃避心理，不愿意参与校园活动，甚至开始旷课，她的学业和生活质量都受到了严重影响。

从上述案例中，我们发现小红是典型的不适应大学生活。

（1）不适应大学教学方法，使她学习压力增大。

（2）生活环境不适应。从熟悉的家乡环境转换到陌生的城市生活，小红可能遭遇了“文化冲击”，难以适应新环境。

（3）不适应人际关系。可能是文化差异和个人性格原因，小红在人际交往方面遇到了困难，缺乏归属感。

针对上述原因，小红应该采取如下措施：

（1）寻求帮助。可向老师、高年级同学、心理医生寻求帮助，请教学习方法，接受心理健康辅导和心理干预，缓解心理压力。

（2）参加社交技能培训。通过培训，建立和维护人际关系，提高社交技巧。

（3）多参加社团活动，尽快融入新的大学生活。

若小红能为他人着想，主动去关心其他同学，她会融入新环境吗？会感到孤独吗？为什么？

第四章　大学生安全

第一节　大学生安全教育概述

一、大学生安全教育的含义

所谓安全，指的是平安、稳定、保护以及无危险、不受威胁、不出事故的一种个人和社会生活的状态。安全的概念随着社会生活条件的变化而变化，在不同的时代，有着不同的含义与外延。

大学生安全教育是针对在校大学生的一项特殊的、系统性的教育实践活动，属于广义上的安全教育活动。它根据大学生个体的生理、心理特点与成长需要以及特定时代社会发展需要，由国家、社会、高校以及大学生等主体共同开展，以法律法规和校规校纪教育、安全防范知识与技能教育、应急救护教育、心理健康教育、国家安全教育等为教育内容。它旨在引导大学生确立正确的世界观与人生观，尊重生命，实现自身价值；预防和减少大学生犯罪现象的发生；引导大学生养成良好的安全行为习惯，增强安全意识与法治观念，提高安全防范能力、自我保护能力以及应急救护能力。其目的是有效保护大学生人身财产安全、促进大学生的心理健康，最终促进大学生个体的全面发展，维护高校的安全稳定，促进社会安全文化的提升，促进国民整体安全素质的提高。

二、加强大学生安全教育的必要性

近年来，在校园内外发生了许多涉及学生安全的意外伤害事故，究其原因虽然各不相同，但有一个共同点，就是大多数当事学生对事故的发生没有任何心理准备和自我保护意识，面对伤害不知所措。当前大学生在自我防范意识和自我保护能力方面，主要存在以下几个方面的问题：

（1）缺乏社会经验。由于大家从小都是在父母和老师的呵护下长大，没有经受什么挫折，思想比较单纯，对社会上的不良风气和一些坏人坏事不能作理性的认识。由于缺乏社会经验，自我防范能力就相对比较弱，如缺乏保管自己的贵重物品、现金的经验，易于发生财物被盗；缺乏人际交往中的经验，容易上当受骗。也有一些学生在受到不法侵害时，不知道如何保护自己，轻而易举地被一些不法之徒欺骗或威逼利诱。近年来发生的多起女大学生被拐卖、凌辱、残害的案件就是这方面活生生的例子。

（2）缺乏安全防范意识。一些大学生安全防范意识淡薄，对可能发生的各种安全问题，缺乏必要的重视和警惕，留下了种种影响安全的隐患。如人离开但不锁门，贵重物品不加妥善保管、随意丢放，导致钱物失窃；有的同学违反宿舍安全管理规定，在宿舍内乱接乱拉电线、违章使用电器、吸烟乱扔烟头等，并由此造成各种安全事故。

（3）缺乏对社会消极因素的抵御能力。目前，我国正处在一个前所未有的改革开放时期，乘虚而入的西方资产阶级腐朽思想和没落的生活方式，以及“一切向钱看”的极端个人主义、利己主义、享乐主义，对那些涉世不深、阅历不广、缺乏社会经验的青年大学生来说具有极大的诱惑力。有的同学经不起这种诱惑，自觉或不自觉地接受了这些腐朽观念，如有些同学受拜金主义、享乐主义、极端个人主义思想的影响，经受不住来自社会金钱和好逸恶劳、贪图享乐的诱惑，从贪小便宜、小偷小摸而发展到大肆行窃，害人害己、危害社会，堕落成为社会的罪人；有些同学在西方“性解放”及淫秽书刊、录像的影响下，奉行“青春不美，死了后悔”的人生哲学，在这种腐朽思想的支配下，成为淫乱思想的俘虏。

因此，加强大学生安全教育，使大家提高警惕，掌握必要的安全知识，可以提高大学生的自我保护能力，预防各种侵害。

三、大学生安全教育的目的

人类一切活动的目的都是以人为中心的。教育的最高目的就是充分发展人的全部品性，实现人的价值，形成健全的自我，完善人性。以人为本、科学发展是当今社会弘扬的时代精神。大学生安全教育也具有这样的时代特点，它的目的就是以大学生为中心，培养人与保护人，通过教育，培养具有法治观念和一定安全素养的、身心健康的现代大学生，维护大学生人身财产安全和心理健康。

大学生安全教育要达到的具体目标包括以下几点：

（1）促进大学生遵纪守法、自律自爱，预防与减少大学生违法犯罪行为的发生。

（2）增强大学生安全防范意识，提高其安全防范能力，有效预防大学生人身财产被侵害事件的发生。

（3）提高大学生应对侵害的处置能力与救护能力，最大限度地减轻已发生危害的不良影响，避免损害的进一步扩大。

（4）引导大学生调适心理，形成完整人格，倡导尊重生命，实现人生价值，维护大学生心理健康。

（5）建设高校安全文化氛围，促进大学生自觉维护国家安全与公共安全，维护高校的安全与稳定。

与大学生有关的案（事）件的发生，不仅会给学生本身及其家庭造成伤害，而且也会直接影响到学校正常的教学、生活秩序，严重时将危及整个社会的稳定。因此，在社会治安形势严峻、高校周边治安环境复杂、校园治安形势不容乐观的情况下，加强安全教育，提高学生的安全防范能力，可以有效地减少和避免各种安全问题，从而起到维护校园安全和稳定的积极作用。

四、大学生安全教育的内容

伴随着社会信息化的快速发展，高校与社会接触更加密切，生活空间大大扩展，交流领域也不断拓宽，大学校园较之以往更为复杂，大学生所面对的问题也变得错综复杂。在校期间，大学生除了进行正常的学习、生活外，还需要走出学校参加各种社会实践活动。他们面临的各种各样的安全问题，概括起来主要有国家安全、身心安全、财产安全、消防安全、交通安全等。

第二节　大学生安全教育内容

一、国家安全

案例分析

徐某考入某大学后，在网络上发布了一条“寻求学费资助2 000元”的求助帖。没过多久，一名网民联系徐某，表示愿意提供帮助。徐某喜出望外，把银行卡号告诉对方，第二天就收到2 000元人民币汇款。对方自称“一家境外投资咨询公司的研究员”，需要为客户“搜集解放军部队装备采购方面的期刊资料”，希望徐某协助搜集，作为资助学费的回报。徐某痛快地答应了。

尝到了甜头后，徐某的心态发生了变化。他又主动联系对方，对方向他提供了一份“调研员”的兼职，月薪为2 000元。徐某所在的城市有一个军港码头和一家历史悠久的造船厂，他的“调研”工作就是到军港码头拍摄军事设施，到造船厂观察、记录在造、在修船舰的情况，并将有船舰方位标识的电子地图做成文档，提供给对方。

案发后，徐某承认，做“调研员”不久，他就意识到对方是搜集我国军事情报的境外间谍，但由于贪图小利，他最终选择铤而走险。随后，徐某被国家安全机关依法审查。

请思考：

（1）以上案件对你有哪些启示？

（2）大学生应当如何自觉维护国家安全？

随着高校改革开放的深入，境外人员来高校参观访问、举办讲座、讲学、留学、科技合作等情况日益增多，使高校的国家安全工作面临许多新的问题。因此提高大学生的国家安全意识，使其能正确认识改革开放条件下隐蔽斗争的新形势和新特点，自觉抵御境内外敌对势力的渗透活动变得尤为重要。

（一）国家安全的含义

国家安全是指国家政权、主权、统一和领土完整、人民福祉、经济社会可持续发展和国家其他重大利益相对处于没有危险和不受内外威胁的状态，以及保障持续安全状态的能力。传统的国家安全往往被理解为政治安全与国防安全，即主权独立、领土安全、政治稳定等，随着国际环境的巨大变化和科技革命的深入发展，影响国家安全的因素越来越多元化和不确定化，国家安全面临越来越多的挑战和威胁。因此，必须确立包括经济安全、科技安全、文化安全、生态安全、社会安全、公共安全等在内的新的国家安全观。

2014 年 4 月 15 日，中央国家安全委员会第一次会议明确提出要构建集政治安全、国土安全、军事安全、经济安全、文化安全、社会安全、科技安全、信息安全、生态安全、资源安全、核安全等于一体的国家安全体系，并系统阐述了总体国家安全观的重要思想。2015 年 7 月 1 日，第十二届全国人民代表大会常务委员会第十五次会议通过新的《中华人民共和国国家安全法》（以下简称国家安全法）。总体国家安全观旨在实现人民安康、社会安定、国家安稳、世界安宁，是多层次、全方位的国家安全指导思想。

总体国家安全观将国家安全的内涵和外延归结为五大要素和五对关系。五大要素，就是以人民安全为宗旨，以政治安全为根本，以经济安全为基础，以军事、文化、社会安全为保障，以促进国际安全为依托。五对关系，就是既重视发展问题，又重视安全问题；既重视外部安全，又重视内部安全；既重视国土安全，又重视国民安全；既重视传统安全，又重视非传统安全；既重视自身安全，又重视共同安全。五大要素清晰反映了国家安全的内在逻辑关系，五对关系准确反映了辩证、全面、系统的国家安全理念。

新时代大学生要在学习与生活中积极贯彻落实总体国家安全观，成为总体国家安全观的学习者、践行者与传播者。

（二）危害国家安全的行为

根据《中华人民共和国国家安全法》《中华人民共和国刑法》等法律，危害国家安全的行为主要有以下几类：

（1）背叛国家、分裂国家、煽动分裂国家。如与境外机构、组织、个人相勾结，危害国家的主权、领土完整和安全；组织、策划、实施或煽动分裂国家、破坏国家统一；组织、策划、实施武装叛乱或者武装暴乱，或策动、胁迫、勾引、收买有关人员进行武装叛乱或者武装暴乱。

（2）颠覆国家政权、煽动颠覆国家政权。如组织、策划、实施颠覆国家政权、推翻社会主义制度；以造谣、诽谤或者其他方式煽动颠覆国家政权、推翻社会主义制度。

（3）间谍行为。例如，参加间谍组织或者接受间谍组织及其代理人的任务；为境外的机构、组织、人员窃取、刺探、收买、非法提供国家秘密或者情报。

（4）投敌叛变、叛逃。

（5）资助危害国家安全犯罪活动、资敌。

公民和组织支持、协助国家安全工作的行为受法律保护。因支持、协助国家安全工作，本人或者其近亲属的人身安全面临危险的，可以向公安机关、国家安全机关请求予以保护。公安机关、国家安全机关应当会同有关部门依法采取保护措施。公民和组织因支持、协助国家安全工作导致财产损失的，按照国家有关规定给予补偿；造成人身伤害或者死亡的，按照国家有关规定给予抚恤优待。公民和组织对国家安全工作有向国家机关提出批评建议的权利，对国家机关及其工作人员在国家安全工作中的违法失职行为有提出申诉、控告和检举的权利。

新的国家安全观强调，既要对付国家行为体的威胁，也要对付非国家行为体的威胁；既要对付核武器和其他大规模杀伤性武器，又要对付意料之外的生化危机；既要对付对称性作战的威胁，又要对付非对称性作战的威胁；既要重视传统安全因素，又要重视非传统安全因素。凡是可能造成国家整体性危害的因素，都应列入新的国家安全威胁，除生化威胁外，对核材料的安全使用和保存，巨大水坝的安全、主要水源的防毒防污染、有关国计民生的物资（如粮食、石油等）的保存和供应；提防金融危机式的金融风险，以及提防西方以舆论和谣言动摇民心、制造社会混乱等，都应十分重视，要有专门机制和人员紧盯国内外事态的动向，警钟长鸣，争取把可能的灾难消灭在萌芽状态。

（三）大学生的国家安全意识现状

当前大学生的思想政治状况的主流积极健康，但也有迹象表明，大学生的国家安全意识尚很薄弱。

（1）大学生对国家安全认识模糊。大学生对国家安全还停留在军事、领土、情报这样一些传统的、局部的认识上。当前，国家安全既包括国土安全、主权安全、政治安全等传统内容，也包括文化安全、信息安全等方面的新内容，全方位理解国家安全有助于端正大学生的思想认识，增强国家安全意识。

（2）价值取向多元化，原则性衰减。当代大学生价值观念呈多元化态势，虽其价值取向的主流积极向上，但功利色彩较浓厚，实用享乐主义为大多数学生推崇。这些急功近利的价值取向，无疑会削减主流价值的原则性，最终导致社会价值的散乱，使国家精神意识方面的安全面临消解的危险。

（3）安全教育研究水平落后。当代大学生的国家安全意识现状显然不能适应时代要求，无法应对全球化对国家安全的挑战。

（四）大学生怎样维护国家安全

大学生是国家的栋梁，肩负着维护国家安全的重任，应当成为国家安全和利益的自觉维护者。大学生应当从以下几个方面入手，自觉维护国家安全。

1．牢固树立国家安全高于一切的观念

“安而不忘危，存而不忘亡，治而不忘乱。”国家安全涉及社会生活的方方面面，是国家、民族生存与发展的首要保障。把国家安全放在高于一切的地位，是国家利益的需要，是个人安全的需要，也是世界各国的一致要求。大学生要牢固树立国家安全高于一切的观念，强化国家利益的底线思维，弘扬爱国主义精神，增强民族自信心和自豪感，积极主动维护国家安全，捍卫国家利益。

2．深入学习国家安全法律法规

法律法规严格规范了公民与组织的行为，对国家安全起到了重要的保障作用。大学生要深入了解与国家安全有关的法律法规，包括《中华人民共和国宪法》《中华人民共和国国家安全法》《中华人民共和国刑法》《中华人民共和国保守国家秘密法》《中华人民共和国反间谍法》《中华人民共和国网络安全法》《反分裂国家法》等法律，以及《中华人民共和国保守国家秘密法实施条例》《中华人民共和国反间谍法实施细则》《科学技术保密规定》等法规，对待涉及法律法规的问题，要肯问、勤学、慎行。

3．提高警惕

在深入学习、遵守法律法规的同时，大学生不能放松警惕，因为现实中可能出现的危害国家安全的情况非常复杂。如有的间谍会伪装自己（如冒用他人身份），与大学生接触并套取机密信息；一些非法组织或个人可能会利用网络技术进行网络攻击，从而窃取涉密文件；等等。大学生如果没有一定的警惕心理，就可能会上当受骗，甚至违法犯罪。因此，大学生在日常生活中，要时刻保持警惕，识别潜在风险，遇到可能危害国家安全的人或事时，要仔细甄别，必要时及时向有关部门报告。

4．纠正错误思想

有着妄自菲薄、崇洋媚外等错误思想的大学生容易受到敌对势力的蛊惑，或对某些涉及国家安全的问题产生错误看法，甚至做错事。大学生要了解自己国家的历史与文化，认识国家发展的成就，正确对待国家的政策制度等，培养民族自信心与自豪感，树立正确的世界观、人生观与价值观，避免因思想错误而做出有损国家安全的行为。

5．拒绝加入非法社会组织

非法社会组织是指未经民政部门登记擅自以社会组织名义开展活动的组织，以及被撤销登记后继续以社会组织名义活动的组织，也包括筹备期间开展筹备以外活动的社会组织。许多危害国家安全的行为都依托非法社会组织而存在，大学生要学会识别并远离这些非法社会组织，拒绝加入非法社会组织及参与其活动，避免成为非法社会组织的利用对象。

6．积极配合国家安全机关工作

国家安全机关是国家安全工作的主管机关，当国家安全机关需要大学生配合工作的时候，大学生应在确认工作人员身份的情况下，积极配合，如实提供自己所掌握的信息，做到不推诿、不抗拒。此外，大学生在遇到涉嫌危害国家安全的行为时，也应及时向国家安全机关报告。

国家安全是安邦定国的重要基石，维护国家安全是全国各族人民的根本利益所在。青年人的教育是国家的根基，加强大学生案例教育刻不容缓。通过国家案例教育树立国家利益高于一切的观念，树立国家安全意识。“天下虽安，忘战必危”“居安思危，思则有备”“有备无患”。通过国家安全教育加强大学生爱国情怀，“苟利国家，不求富贵”，自觉抵制各种享乐主义思想和境内外敌对势力的渗透。通过国家安全教育加强大学生遵纪守法意识，“治国无法则乱”，作为当代大学生要做到敬法、学法、知法、守法。

二、消防安全

“贼偷偷一点，火烧烧一片”，从某种意义上讲，防火比防盗更为重要。大学校园里，火灾也是威胁大学生安全的重要因素。大学校园是人员高度聚集的公共场所，教学仪器多，科研设备价值昂贵，用电量大，各类试验、实习材料和易燃物多，一旦发生火灾事故，影响大，损失大，直接影响教学、科研工作的正常进行。有关统计资料表明，大学里火灾比盗窃所造成的经济损失要高出数十倍。中华人民共和国成立以来，在我国 1000 余所全日制高校中，从未发生过火灾的寥寥无几。有的学校整座教学楼、试验楼、礼堂被烧毁，损失了许多珍贵的标本与图书，严重影响了教学科研活动的正常进行，甚至烧死学生的事故也曾发生。因而，学习消防安全知识是大学生在校期间不可或缺的一课。

（一）校园火灾的类型

校园火灾从发生的原因上可分为生活火灾、电气火灾、自然现象火灾、人为纵火火灾等类型。

1．生活火灾

生活用火一般是指人们的炊事用火、取暖用火、照明用火、吸烟、烧荒、燃放烟花爆竹等。由生活用火造成的火灾称为生活火灾。学生生活用火造成火灾的现象屡见不鲜，原因也多种多样，主要有：在宿舍内违章乱设燃气、燃油、电器火源；火源位置接近可燃物；乱拉电源线路，电线穿梭于可燃物中，违反规定存放易燃易爆物品；使用大功率照明设备，用纸张，可燃布料做灯罩；乱扔烟头，躺在床上吸烟；在室内燃放烟花爆竹；玩火；等等。

2．电气火灾

目前大学生拥有大量的电器设备，大到电视机、电脑、录音机，小到台灯、充电宝、电吹风，此外还有违章购置的电热炉等电热器具。由于学生宿舍所设电源插座较少，少数学生违章乱拉电源线路，不合规范程序的安装操作致使电源短路、断路、接点接触电阻过大、负荷增大等引发电气火灾的隐患因素增多，个别大学生购置的电器设备如果是不合格产品，也会成为致灾因素。尤其是电热器具的大量使用，引发火灾的危险性最大。

3．自然现象火灾

自然现象火灾不常见，这类火灾基本有两种；一是雷电，二是物质的自燃。雷电是常见的自然现象，是一种大气层运动产生高压静电再放电的现象，放电电压有时达到几万伏，释放能量巨大。当作用于地球表面时，具有相当大的破坏性，产生的电源可成为引起火灾的直接火源，摧毁建筑物或窜入其他设备可引起多种多样的火灾。预防雷电火灾必须合理安排避雷设施。自燃是物质自行燃烧的现象，如黄磷、锌粉、铝粉等燃点低的一类物质在自然环境下就可燃烧；钾、钠等碱金属遇水即剧烈燃烧；不干燥的草、煤泥、沾油的化纤、棉纱等大量堆积，经生物作用或氧化作用积聚大量热量，致使物质达到自燃点而自行燃烧发生火灾。

4．人为纵火火灾

纵火都是带有目的的，一般多发生在夜深人静之时，有较大的危害性。有毁灭证据、逃避罪责或破坏经济建设等多种形式的刑事犯罪分子纵火，还有烧毁他人财产或危害他人生命的私仇纵火等，这类纵火都是国家严厉打击的犯罪行为。

随着社会的发展，社会财富日益增多，加上各种新设备、新材料的大量应用，用火、用电、用气范围日益扩大，潜在的火灾危险因素越来越多，火灾的危险性也越来越大，火灾已成为各种灾害中发生频繁且毁灭性较大的灾害之一，其危害主要表现为危及人的生命、造成财产损失、影响正常秩序三个方面。

（二）校园火灾发生的主要原因

高校校园里的火灾，客观上是因为学生人数多、居住密度高、教学及实验存在一定的火灾危险性，有些房屋建筑耐火等级较低，电线线路老化等缘故；主观上则是由于部分师生安全意识淡薄，违反学校管理规定及缺乏基本的消防意识而造成的。综观火灾事故的教训，无一不是人为的原因，其主要表现在以下几个方面：

1．消防意识淡薄

少数学生认为火灾离自己很远，可能不会在自己身边发生，心存侥幸。在面对学校举办的消防安全知识教育和培训时，认为是多此一举，没有必要；面对一些火灾案例和图片展时，只是觉得很凄惨，却没有从思想上引起重视，因而在日常行为中表现得满不在乎。有的认为只要学习好了就行，其他的可以无所顾忌；有的认为消防工作是领导和学校有关部门的事情，与自己关系不大。

2．违反学校管理制度

（1）违章使用电器，学生经常违规使用“电炉”“热得快”等大功率电器，导致电线超载引起火灾。

（2）私自乱接电源。随着学生宿舍热水器、电脑等用电器具的逐步普及，有的同学便私自乱拉电线，增加了线路负荷，加上使用的大多是低负荷的软电线，长期超负荷运行后出现绝缘老化，极易导致火灾。

（3）胡乱丢弃烟头。烟头表面温度为200℃～300℃，中心温度可达700℃～800℃，超过了棉、麻、毛织物、纸张、家具等可燃物的燃点，许多同学对其“威力”认识不足，乱扔的烟头一旦与可燃物接触就容易引起燃烧，甚至酿成火灾。

（4）肆意焚烧杂物。使用明火最易引发火灾，因为明火实际上是正在发生的燃烧现象，其一旦失去控制马上便会转换为火灾。道理虽然简单明了，但有的同学却常常不以为意，随意在宿舍内焚烧废弃物，最终不仅自食其果，还殃及他人。

（5）随意燃点蚊香。蚊香具有很强的引燃能力，点燃后没有火焰，但能长时间持续燃烧，中心温度可达700℃，超过了多数可燃物的燃点，一旦接触到可燃物就会引起燃烧，甚至扩大成火灾。

（6）违规使用蜡烛。蜡烛作为一种可移动的火源，稍不小心，就可能烧熔、流淌，或者倒下，遇可燃物容易引起火灾。正因为其具有火灾危险性而被许多高校禁止，但少数同学却置若罔闻，最终酿成悲剧。

3．消防基本知识贫乏

许多大学生对基本的电气知识不了解，往往由于无知而造成火灾，诸如用铜丝代替保险丝、照明灯距离蚊帐太近、充电器长时间充电等都可埋下火灾隐患。不懂得灭火基本常识，部分同学由于平时不注意对消防基本知识的学习，在发现火险火情后不知如何处理，错过了最好的灭火时机，以致火势发展蔓延成灾。

（三）火灾的预防与扑救

火灾虽然是残酷的，但它又是可以预防的，只要我们在思想上高度重视，在行动上落到实处，就可以有效地预防火灾。在做好防火工作的同时，加强对火灾扑救知识的学习，就能够在发生火灾时有效地予以扑灭，最大限度地减少火灾造成的人身伤亡和财产损失。

1．火灾预防的主要措施

（1）增强消防安全意识。只有提高了防火安全意识，才会时刻留意身边的火患，控制一切火源；才会把预防火灾放在首位，时刻保持高度警惕；才会主动学习消防知识，掌握防范措施，控制火灾事故的发生。

（2）遵守学校防火制度。为了保障学生的安全，学校制定有关防火安全管理规定，诸如不得私拉乱接电源，不得未经批准随意增加用电设备，禁止使用“电炉”“热得快”，禁止在教学楼、实验楼、宿舍楼、图书馆等公共场所吸烟，禁止在宿舍使用蜡烛等。

2．火灾扑救的主要方法

（1）迅速拨打报警电话。救火必须分秒必争，发生了火警，在扑救的同时，要立即拨打“119”火警电话。在拨打火警电话时要沉着冷静，讲清火灾的单位、地点及自己所用的电话号码，并尽可能讲清楚着火对象、类型和范围以便消防队“对症下药”。同时派人在校门口和必经的交叉路等候，为消防车迅速到达火场赢得时间，减少火灾损失。与此同时，应迅速报告学校有关部门，以便及时组织人员扑救。

（2）及时扑救初起火灾。灭火的方法有：①隔离法。将着火的地方和物体与其周围的可燃物隔离或移开，燃烧就会因为缺少可燃物而停止。实际运用时，如将靠近火源的可燃、易燃、助燃的物品搬走；把着火的物件移到安全的地方；关闭电源可燃气体、液体管道阀门，中止和减少可燃物质进入燃烧区域等。②窒息法。阻止空气流入燃烧区或用不燃烧的物质冲淡空气，使燃烧物得不到足够的氧气而熄灭。实际运用时，如用湿棉毯、湿麻袋、湿棉被、湿毛巾被、黄沙、泡沫等不燃或难燃烧物质覆盖在燃烧物上。③冷却法。将灭火剂直接喷射到燃烧物上，以降低燃烧物的温度，当燃烧物的温度降低到该物的燃点以下时，燃烧就停止了。或者将灭火剂喷洒在附近的可燃物上，使其温度降低，防止辐射热影响而起火。冷却法是灭火的主要方法，主要用水和二氧化碳来冷却降温。④抑制法。这种方法是用含氟、溴的化学灭火剂（如1211）喷向火焰，让灭火剂参与到燃烧反应中，达到灭火的目的。以上方法可根据实际情况，一种或多种方法并用，以达到迅速灭火的目的。

（3）火灾扑救过程中的注意事项主要有：①一边报警，一边接应，一边组织人员扑救。②沉着冷静，听从指挥，积极配合，遵守秩序。③控制火势，救人在先，尽量减少火灾损失。④相邻居室，切勿开门，防止浓烟烈火侵入。⑤呼吸短浅，匍匍前行，呼吸近地新鲜空气。⑥谨慎上楼，屏住呼吸，避免浓烟上升窒息。⑦湿润毛巾，掩住口鼻，低头弯腰抓地慢行。⑧关紧房门，探头呼叫，等待紧急救援脱险。

3．火灾发生时的疏散与逃生

（1）安全出口要记牢。为了自身安全，同学们务必留心学校教学楼、实验楼及宿舍区等场所的疏散通道、安全出口和楼梯方位等，以便关键时候能尽快逃离现场。

（2）消防通道要畅通。楼梯、过道等是火灾发生时最重要的逃生之路，应保证畅通无阻，切不可堆放杂物、停放自行车或牵绳挂衣物，以便紧急时能安全迅速的通过。

（3）临危镇定辨方向。突遇火灾，面对浓烟和烈火，要保持镇定，迅速判断危险地点和安全地点，决定逃生的办法，尽快撤离险地。

（4）简易救护不可少。在火灾中真正烧死的极少，大多数是被烟熏窒息死亡。为了防止火场浓烟呛入，中毒、窒息等，可采用毛巾、口罩蒙鼻，匍匐撤离的办法，穿过烟火封锁区，可向头部、身上浇水再冲出去。

（5）善用通道非电梯。发生火灾时，要根据情况选择进入相对比较安全的楼梯通道逃生。在高层建筑中，电梯的供电系统在火灾中随时会断电或因受热的作用电梯发生变形，而使人困在里面。因此，千万不要乘普通电梯逃生。

（6）火已烧身莫跑。如遇火灾，发现身上着火，千万不可奔跑或用手拍打，因为奔跑或拍打时形成风势，加速氧气的补充，促旺火势。当身上衣服着火时，应赶快设法脱掉衣服或就地打滚，压灭火苗；或跳入水中；或让人向身上浇水。

（7）发出信号求援助。当被烟火围困无法逃避时，应尽量待在阳台、窗口等易于被人发现和能避免烟火近身的地方，及时发出有效的求救信号，引起救援者的注意，便于消防人员寻找、营救。

（8）迫不得已跳楼逃。身处火灾烟气中的人，精神上往往陷于极端恐怖和接近崩溃，惊慌的心理极易导致不顾一切的伤害性行为，如跳楼逃生等行为。应该注意的是：只有消防员准备好救生气垫并指挥跳楼时，或楼层不高非跳楼即烧死的情况下，才采取跳楼的方法。跳楼也要讲技巧，跳楼时应尽量往救生气垫中部跳或选择有水池、软雨篷、草地等地方跳；如有可能，要尽量抱一些棉被、沙发垫等松软物品或打开大雨伞跳下，以减缓冲击力。如果徒手跳楼一定要扒窗台或阳台使身体自然下垂跳下，以尽量降低垂直距离，落地前要双手抱紧头部，身体弯曲蜷成一团，以减少伤害。跳楼虽可求生，但会对身体造成一定的伤害，所以要慎之又慎。

三、交通安全

交通事故已成为“世界第一害”，中国是世界上交通事故死亡人数最多的国家之一。只要有行人、车辆、道路这三个交通安全要素存在，就有交通安全问题。也许只是一个小小的意外，就会造成严重后果，断送美好的前程，甚至生命。因此，大学生要增强交通安全意识，增加对交通安全法规的了解。

（一）交通安全的含义

交通安全是指不发生交通事故或少发生交通事故的主观条件，即指交通参与者要严格遵守交通法规，提高警惕，不因麻痹大意而发生交通事故。大学生交通安全是指大学生在校园内外的道路上遵守《中华人民共和国道路交通安全法》和其他道路交通法规，骑自行车、驾驶汽车时没有危险、不受威胁、不出事故。大学生要做到交通安全，最重要的就是严格遵守国家的交通安全法规，掌握一定的交通安全知识，增强交通安全意识，避免交通违章，减少交通事故。

（二）大学校园易发生交通事故的主要原因

随着高校改革的不断深入，高校与社会的交流越来越频繁，使校园内人流量、车流量急剧增加。许多高校教师拥有私家轿车已不算稀奇，学生骑自行车的很多，开汽车上学也不再是新闻了。校园道路建设、校园交通管理滞后于高校的发展，一般校园道路都比较狭窄，交叉路口没有信号灯管制，也没有专职交通管理人员管理；校园内人员居住集中，上、下课时容易形成人流高峰等原因，致使高校的交通环境日益复杂，交通事故经常发生。

（三）大学生交通安全事故的主要表现形式

1．校园内易发生的交通事故

许多大学生刚刚离开父母和家庭，缺乏社会生活经验，头脑里交通安全意识比较淡薄；有的同学在思想上还存在校园内骑车和行走肯定比公路上安全的错误认识。校园内发生交通事故的主要形式有以下几种：

（1）注意力不集中。这是最主要的形式，表现为行人在走路时边走路边看书边听音乐，或者左顾右盼、心不在焉。

（2）在路上进行球类活动。大学生精力旺盛、活泼好动，即使在路上行走也是蹦蹦跳跳、嬉戏打闹，甚至有时还在路上进行球类活动，更是增加了事故发生的风险。

（3）骑“飞车”。一般高校校园面积都比较大，宿舍与教室、图书馆等之间的距离比较远，所以许多大学生购买了自行车，课间或下课时骑自行车在人海中穿行；它是部分学生骑自行车与汽车比快慢，就此埋下了祸根。

2．校园外常见的交通事故

（1）行走时发生交通事故。大学生余暇空闲时购物、观光、访友要到市区活动，这些地方车流量大，行人多，各种交通标志让人眼花缭乱，与校园相比交通状况更加复杂，若缺乏通行经验则发生交通事故的概率很高。难怪上海一所著名大学的校长说："在各个大学中普遍存在这样一种情况，少数学生书读得越多，越不会走路，遵守交通规则的意识越淡薄，不仅在校园里乱骑车、乱停车，在马路上违反交通规则的现象也时有发生。"

（2）乘坐交通工具时发生交通事故。大学生离校、返校、外出旅游、社会实践，寻找工作等都要乘坐各种长途或短途的交通工具。全国各地高校大学生因乘坐交通工具发生交通事故的情况时有发生，有时甚至造成群体性伤亡，教训十分惨重。

（四）交通事故的预防

1．提高交通安全意识

不管是校内还是校外，发生交通事故最主要的原因是思想麻痹、安全意识淡薄。作为一名在校大学生，遵守交通法规是最起码的要求。

2．自觉遵守交通法规

除提高交通安全意识、掌握基本的交通安全常识外，还必须自觉遵守交通法规，才能保证安全。以下两点是大家必须掌握并要在日常生活中严格遵守的：

（1）在道路上行走，应走人行道，无人行道时靠右边行走；走路时要集中精力，"眼观六路，耳听八方"；不与机动车抢道，不突然横穿马路、翻越护栏，过街走人行横道；不闯红灯，不进入标有"禁止行人通行""危险"等标志的地方。

（2）乘坐交通工具。乘坐市内公共交通，等车停稳后，依次上车，不挤不抢；车辆行驶中不得把身体伸出窗外。乘坐长途客车、中巴车时不能贪图便宜乘坐车况不好的车，不要乘坐"黑巴""摩的"，因为这些车辆安全没有保障。乘坐火车、轮船、飞机时必须遵守车站、码头和机场的各项安全管理规定。

（五）发生交通事故的处理办法

1．及时报案

无论是在校外还是在校内，一旦发生交通事故，应首先想到及时报案，这有利于事故的公正处理，千万不能与肇事者"私了"。若在校外发生交通事故，除及时报案外，还应该及时与学校取得联系，由学校出面处理有关事宜。

2．保护现场

事故现场的勘查结论是划分事故责任的依据之一，若现场没有保护好会给交通事故的处理带来困难，造成"有理说不清"的情况。切记，发生交通事故后要保护好事故现场。

3．控制肇事者

发生事故后若肇事者想逃脱一定要设法控制，自己不能控制可以发动周围的人帮忙控制，若实在无法控制也要记住肇事车辆的车牌号等特征。

（六）交通安全常识

1．行走安全

行人须在人行道内行走，没有人行道的靠右边行走；穿越马路须走人行横道；通过有交通信号控制的人行道，须遵守信号的规定；通过没有交通信号控制的人行道，要左顾右盼，注意来往车辆，不准追逐，奔跑；没有人行横道的，须直行通过，不在车辆临近时突然横穿；有人行过街天桥或地道的，须走人行过街天桥或地道；不爬越马路边和路中的护栏、隔离栏，不在道路上扒车、追车、强行拦车或抛物击车。

2．骑车安全

（1）不满 12 周岁的孩子，不能在道路上骑车。

（2）不打伞骑车。

（3）不脱手骑车。

（4）不骑车带人。

（5）不骑“病”车。

（6）不骑快车。

（7）不与机动车抢道。

（8）不平行骑车。

学生除了注意不要有骑车带人、闯红绿灯、并排骑车、逆向骑车、在机动车道上骑车以及骑自行车打手机、听 MP3 等各种交通违规行为外，还要注意，在恶劣的天气如雷雨、台风、下雪、积雪未化、道路结冰等情况下，也不要骑车。

3．乘车安全

（1）外出乘车不要乘坐低速载货汽车、三轮汽车、拖拉机、黑摩等非客运车辆，不要乘坐超员车辆，预防和减少各种安全事故的发生。

（2）上车前先看清公共汽车是哪一路，因为公共汽车停靠站往往是几路公共汽车在同一个站台，慌忙上车，容易乘错车。

（3）待车子停稳后再上车或下车，上车时将书包置于胸前，以免书包被挤掉，或被车门轧住。

（4）上车后不要挤在车门边，往里边走，见空处站稳，并抓住扶手，头、手、身体不能伸向窗外，否则容易发生伤害事故。

（5）乘车要尊老爱幼讲礼貌，见老弱病残及孕妇要主动让座。

（6）乘车时不要看书，否则会损害眼睛。

四、财物安全

（一）校园失窃案常见方式

（1）顺手牵羊。趁主人不备，将放在桌上、走廊、阳台等处的钱物或自习室、食堂餐桌上用来“占位”的书包等随手拎走，据为己有。

（2）乘虚而入。趁室内无人而房门、抽屉未锁之机入室行窃，无论是现金、钱包还是笔记本电脑统统盗走。

（3）窗外“钓鱼”。从窗外用竹竿等工具将被害人的衣服或其他物品钩走。住在靠近走廊窗户或住在一楼的同学若缺乏警惕，很容易被人钓鱼行窃。

（4）翻窗入室。翻越未锁扣好的窗户入室行窃，然后堂而皇之地开了大门离去。

（5）用钥匙开锁。用学生随手乱丢的钥匙（如因偷懒放在门框上或脸盆里），趁人不在宿舍时开锁进门，从而盗走现金和贵重物品等。这类作案者大都是与学生比较熟悉或对校园环境比较熟悉的人。

（二）校园防盗基本要求

学生在宿舍和教室的财物防盗，要注意做到以下几点：

（1）一定要养成随手关窗、随手锁门的习惯，最后一个离开宿舍的同学，要关好窗户，锁好门，晚上就寝时也要锁好门窗。千万不要怕麻烦，以防盗窃犯罪分子乘虚而入。

（2）不留宿外来人员。违反学生宿舍管理规定，随便留宿不知底细的人，等于引狼入室而后患无穷，无论是亲戚、老乡还是高中同学等，都不应留宿。

（3）发现形迹可疑的人应提高警惕，做有心人。遇到可疑人员，应主动上前询问，若发现来人找各种借口进行搪塞，诸如推销商品、找人又说不清要找的人的基本信息等，或发现来人可能携有作案工具、赃物等，应立即报告宿舍管理员和学校保卫处。

（4）积极参加义警、大学生护校队，协助学校保卫处做好安全防范工作。通过参加值班、巡逻等安全防范工作实践，不仅可保护自己和他人财物的安全，而且可增强安全防盗意识，锻炼和增长自己社会实践的才干。

（5）注意保管好自己的钥匙，包括实验室、宿舍、箱包、抽屉等处的各种钥匙，不随便借给他人，不乱丢乱放，以防“不速之客”复制或伺机行窃。

（三）易失窃物品的防盗措施

（1）学费、生活费都存入银行，身边只留少量现金备用，需要时再取；银行卡密码不要用出生日期等易被猜到的数字；银行卡尽量不要与身份证放在一起。

（2）在公共场所，手机、钱包不离身；在食堂、教室、图书馆等公共场所，坚决不要用背包占座，以免被人顺手牵羊；参加体育锻炼时尽量不要带钱包、手机，更不要将手机、钱包放在球架附近。

（3）在公共场所使用笔记本电脑的，要让电脑一直保持在视线以内。临时去厕所或到室外接电话的间隙，是最容易被盗的空当。笔记本电脑使用完最好锁进抽屉或箱（柜）子里，随手放在桌上很容易被人顺手牵羊。

（四）发生盗窃案件的应对办法

一旦发生盗窃案件，同学们一定要冷静应对，并做到以下几点：

（1）立即报告学校保卫处或派出所，同时封锁和保护现场，不准外人进入，自己也不要再次进入现场翻动、查看物品。这对公安人员准确分析、正确判断侦查范围及收集作案痕迹和罪证，有十分重要的意义。

（2）发现嫌疑人时应立即报告学校保卫处或派出所，在确保自身安全的情况下才可以尾随跟踪，但不要自行抓捕，以免受到伤害；配合调查，实事求是地回答公安机关和保卫人员提出的问题，积极主动地提供线索，不隐瞒情况，学校和公安机关有义务、有责任为提供情况的学生保密。

（3）如果发现银行卡被窃，应当尽快通过电话或到银行柜面挂失。

（五）各类诈骗与防范

1．网络兼职刷信誉

常规手段：散播各种网络兼职信息，声称通过虚拟购物并给予卖家“好评”以提高卖家信誉，卖家则会退款并支付“提成”。骗子通过QQ或微信指示操作，先以小额返利诱惑，受害人一旦“上钩”购买大额商品或多次付款“冲单”，骗子得手后就消失了。也有少数骗子专做一二百元、二三百元的小额诈骗，快进快出，骗一笔就跑。

案例赏析

2015年3月19日，经济与管理学院学生小罗在网上找兼职，骗子通过QQ与其联系指示刷单操作，要求其购买某种点卡或网购打折卡，通过支付宝付款。小罗按指示购买了价值108元/张的打折卡，对方很快就退款114元，此单小罗获利6元。随后，对方要求小罗连续购买多笔业务后再一起返还。小罗按对方指示以648元/单购买了3单，以864元/单购买了3单。骗子称小罗操作太慢导致“卡单”，卡单后钱无法及时到账，解决卡单的办法就是大额冲单。小罗未及多想，又按指示以4 536元/单购买了3单。对方称系统在处理数据，返利将在次日进行。在对方的诱导和催促下，小罗累计刷单付款22 788元，这些钱有4 000多元是小罗自己的生活费，其余都是向几位同学所借。次日小罗发现款项未返还也无返利，联系对方后，对方称须继续刷单，否则前期的钱无法返还。小罗至此方觉有诈，遂报警。

防范提示：刷信誉本身就是被定性为违法的虚假交易行为，通过刷信誉赚小钱更不可取。要找兼职还得老老实实做点实在的事情，贪小利往往会上大当吃大亏。

2．冒充客服（卖家）骗取验证码或发送木马网页链接

常规手段：骗子假冒电商平台客服，谎称买家购买的某个商品因为缺货、网站升

级、卖家账户冻结等各种原因无法发货，需要给买家退款，要求买家提供手机收到的验证码。此验证码实际是骗子盗取买家支付宝账户余额或银行卡余额时系统提供的手机验证码，买家一旦提供给骗子，骗子就能完成转账。也有骗子给买家发送有木马的链接，网页界面与支付宝高度相似，买家输入银行卡号和密码之后，骗子就直接用买家的密码把钱转移了。

案例赏析

2014 年 3 月 9 日，经济与管理学院学生小朱接到自称其电商客服的电话，称因支付宝系统升级，小朱的银行卡被冻结了，需要激活才能继续使用，要求小朱提供银行卡号，并要求小朱提供手机验证码（称小朱收到的“交易验证码”是用来激活银行卡的），之后小朱的账户被转走 1 000 多元。

2014 年 3 月 15 日，人文学院学生小沈在网上购物付款后，有人来电自称卖家，以未收到小沈的付款为由，要求小沈告知其手机接收到的短信验证码（实为支付宝交易验证码），小沈告知验证码后，账户被转账将近 2 000 元。

防范提示：手机验证码往往是银行请你确认交易的最后一步，千万不要随意给别人，正规电商在付款交易平台都有安全提示，不会有客服跟买家要钱的，要仔细辨别。

3．冒充熟人或 QQ、微信好友

常规手段 1：骗子并不知道你的个人信息，打电话给你时随机冒充熟人，或者玩“猜猜我是谁”的把戏，当你尝试报出对方身份时，对方顺势承认，然后就开始以出车祸赔钱付医药费等骗术要求你帮忙。

常规手段 2：骗子通过非法手段获取了你的个人信息，或者通过网络搜索到了你的个人信息，然后冒充你的领导、老师、长辈，说急着要用钱但是自己不方便，要你先转账给他，过一会儿到办公室还你。

常规手段 3：盗取了你好友的 QQ 或者复制一个跟好友一样的 QQ（界面相同，只是号码不一样），然后在 QQ 里向你借钱，要求你帮忙充话费，帮助购买机票、车票等。

案例赏析

2014 年 12 月 8 日，电气与自动化学院学生小张接到电话，对方叫出了小张的名字，又问小张：“你知道我是谁吗？”小张听着像自己的论文导师，就问对方是不是顾老师，对方顺势应承，并叫小张等会儿到他的办公室去一趟。小张就去了办公室与顾老师谈了做毕业设计的事情，稍后离开了办公室。不久，小张接到先前“顾老师”号码打来的电话，说正好有事急用钱，并提供了一个卡号，要求先转账3 600元，说等小张来办公室的时候再还。小张立即就用手机银行转账，转账后对方又打来电话说钱不够还要再转。小张干脆取了钱跑去顾老师办公室，到场一问，才发现是被骗了。

2014年5月29日，人文学院学生小王收到QQ好友聊天请求，对方以自己支付宝和银行卡无法使用为由，要求小王帮其代付款购买某件商品。小王看是自己好友，未与对方电话确认，就帮忙付款997元，之后才知道好友QQ号码是被盗了。

2015年3月29日，机械工程学院学生小张参加完南京航空航天大学硕士研究生面试刚回常熟，接到一个自称“南航老师”的电话，说小张面试成绩有点尴尬，上线录取有问题，但可以帮忙打点，需8 000元钱疏通关系。小张不想自己长期备考的努力付诸东流，见对方把自己的个人信息和面试信息说得头头是道，一时信以为真，就到中国建设银行ATM机上给对方汇了8 000元钱。对方收钱后表示关系复杂，还需要增加打点费用15 000元，小张始觉被骗，向学院汇报并报警。

防范提示：没见过面，两句话不到就谈钱的，十有八九是没安好心的骗子。被借钱时千万别抹不开面子，跟对方见个面或者打个电话再三确认之后再转账。或者干脆回绝：手头正紧，没钱！

4．冒充公检法办案人员

常规手段：骗子自称某法官、检察官或警官，电话中报出你的名字，有的还能报出身份证号和家庭地址，然后说有起诉你的传票，或者你有个包裹涉嫌贩毒，或者你的银行卡涉嫌被用来走私洗黑钱，或者你的身份证在某个银行开办了信用卡用于洗黑钱，总之你摊上大事儿了，要调查你，你的银行卡资金有问题要冻结，解决办法就是你把钱转到安全账户，等调查清楚就会退还你。而且，骗子会要求你不准挂断电话，不准向其他人透露信息泄密，越快转账越好。

案例赏析

2014年4月17日，机械工程学院学生小刘接到“苏州公安局周警官”电话，说小刘有一笔汇款涉嫌洗钱犯罪，叫他立刻去办一张工商银行卡并交纳5 000元保证金，等查清事实后会退还并解除指控，且此事不能张扬，否则影响破案还会使学业受影响。受恐吓的小刘很紧张，在“周警官”的电话指挥下通过ATM机将银行卡里4 801元全部转账至“周警官”指定账户。“周警官”又说小刘涉案情况复杂，还要再交纳4 500元保证金，小刘又向同学借钱转账。谁知周警官要求再交10 000元，此刻小刘发觉不对，打110报警了。

防范提示：公检法机关侦查案件时不可能在电话里跟你说那么多案情。如果你真的涉案，多半能享受到警察叔叔专车接送的“福利”。接到这样的电话，态度应该很明确：你抓或者不抓，我就在这里，不躲不逃。

5．网银升级短信、标题党短信

常规手段：利用改号器，以银行服务电话的号码发送短信给受害人，称其网银证书将过期，需要尽快升级，并附上升级网址链接。受害人点击之后按照提示依次填入卡号和取款密码准备“升级”，很快就发现卡里的钱被人转走了。有些短信里的链接本身就带有手机木马程序，一旦点击就激活了木马，银行卡号和密码就自动发送给骗子。还有骗子发送标题引入的短信如“这是我们聚会的照片”“看看你做的好事，”短信中附有植入木马的链接，受害人一旦点击链接，木马就被植入手机或电脑，各种账号和登录密码就会自动发送给骗子。

案例赏析

2023年10月15日，艺术与服装工程学院学生小李在课后收到了一条看似来自“支付宝官方”的短信：“【支付宝】尊敬的用户，您的账户安全验证已过期，为保障资金安全，请立即点击链接 https://alipay-secure.fakeurl.com 完成安全升级。如未及时处理，可能影响您的正常使用。支付宝客服（95188）。”小李平日里经常使用支付宝进行日常消费，看到这条短信后，没有多想便直接点击了链接。

链接跳转到了一个高度仿冒的支付宝登录页面，界面几乎与官方无异，小李没有察觉到异常，便按照页面提示输入了自己的账号、密码以及手机验证码。不久之后，小李的手机开始不断收到来自支付宝和银行的交易提醒短信，显示他的账户在短时间内被多次转账，总金额高达8 000元，且这些交易都是向未知账户进行的。

意识到情况不妙的小李立即尝试登录自己的支付宝账号，却发现密码已经被修改，无法进入。他迅速通过支付宝的官方客服渠道进行反馈，并联系银行冻结了相关银行卡，但部分资金已经流失。

防范提示：不明链接、不明二维码、陌生人发来的邮件附件（诸如“同学聚会照片”“资金安全”“不雅照片”之类的）请千万不要轻易点击，如果无法通过其他方式求证，直接忽视或删除。

6．购物诈骗＋中奖短信

常规手段：骗子会在诸多分类信息网站上或者电商平台上发布一些性价比特别高的商品或服务信息，你动心之后跟卖家直接联系，卖家就会以“海关罚没的走私品”“担心你不肯付款”等各种理由叫你先交钱（如“保证金”“风险担保金”）给他，或者干脆让你先付货款，而且货款是直接汇入私人账户的。汇款之后，多半就联系不到对方了。至于中奖短信诈骗也是同样的手段，几乎多数人都会收到很多，让人防不胜防。

案例赏析

2014 年 3 月 13 日，机械工程学院学生小于在网上二手市场看中了一款苹果手机，与卖家联系以 1 700 元的价格成交，小于通过卖家发过来的链接将 1 700 元通过“翼支付”平台付给了对方，支付完成后就联系不上卖家了，当然也没收到货。

2013 年 2 月 28 日，学生小张在网上看中一款全新高档手机（市场价 4 800 多元，卖家只要 1 500 元），卖家说因为是海关罚没的走私手机，怕小张泄露信息引火烧身，所以要小张先交风险担保金。小张先后三次转账共计 3 800 元给对方，之后卖家电话就无法打通了。

2014 年 5 月 14 日，电气与自动化工程学院学生小李收到一条短信，内容是某公司 30 周年庆抽奖活动，小李幸运中奖 160 000 元现金和苹果笔记本电脑 1 台，要领奖就通过短信上所写的链接进行登记。小李点击链接，填写了个人信息。随后就接到电话，对方称领奖要交 5 800 元押金，小李依言照办；对方又说按照国家规定要缴纳 20% 的个人所得税，考虑到小李是学生，只要缴纳一半（16 000 元）税金就行。小李说自己没那么多钱，对方就说先交 8 000 元，剩下的领奖之后再交……小李一分钱都没见着，先后共交了 15 700 元各种税费、押金给对方。

防范提示：网上购物最好选择正规的、专业的购物网站（如京东、天猫等），一定要通过有购物担保的第三方支付平台，而且应当是收货之后才确认付款的平台（如支付宝），没见到货之前，不要轻易把钱汇给私人账户。说到中奖短信，还是要重复那句老话：“天上不会掉馅饼。”

防诈骗终极提醒：

（1）接电话，不管是谁，只要谈到银行卡，一律挂掉。

（2）接电话，只要谈到你中奖了，一律挂掉。

（3）接电话，只要谈到公检法、税务或领导干部，一律挂掉。

（4）所有短信，但凡让你点击链接的，一律删掉。

（5）微信中，不认识的人发来的链接，一律不点。

（6）身份证、银行卡妥善保管，证卡号码不要轻易告诉他人，也不要轻易在网站上填写。

（7）网银和手机验证码只能自己保管和使用，不可借给他人，不可告知他人或转发他人。

（8）不贪小利，不怕恐吓。遇事要沉着，掏钱要三思。

五、人身安全预防与应对人身侵害事故

（一）暴力侵害的预防

校园内的暴力侵害不仅会给当事人造成身体及精神损害，也会给广大学生的学习和生活带来很大的负面影响。为避免暴力侵害的发生，大学生应着重从以下几个方面加以预防。

1．热爱集体，团结他人

大学生无论是在社团、班级还是在宿舍，都处于集体中。良好的集体关系不仅能够化解矛盾，减少同学之间的摩擦，而且在危险来临时，能够使自己得到更多的帮助。因此，大学生应当热爱集体，按照集体规则行事，并注重团结他人。

2．谨慎交友，远离是非

大学生应具备一定的辨别能力，在交友时一定要有所选择，结交正直、善良的朋友。与校外人员接触时要谨慎，不可轻易相信陌生人。此外，大学生应该牢固树立安全理念，与社会不良人员保持距离，不参与打架斗殴等恶性事件，远离是非。远离是非并不意味着对所有事情视而不见，如果有人处于危险中，大学生应该在确保自身安全的前提下伸出援助之手。

3．讲文明话，做文明事

校园暴力大多由口角演变而来。大学生在学习和生活中要注意说话的方式，做到语气和善、用词文明，不说伤害他人的话；同时，也要保持行为举止文明，不做打扰他人或对他人产生不良影响的事。

4．加强沟通，共同进步

大学生应该与集体中的其他人加强沟通，在学习和生活中遇到困难时向老师、同学、朋友等寻求帮助，在他人遇到困难时，主动提供帮助，以形成良好的集体氛围，从而实现共同进步。

（二）暴力侵害的应对

在暴力侵害发生时，大学生应采取以下措施沉着应对。

1．尽快避险

若校园暴力即将发生，大学生应设法尽快脱离险境，从而避免受到伤害；若已经被施暴者控制，则可以先假意满足施暴者的要求以稳住对方，然后伺机报警或逃跑。

2．寻求援助

遭遇校园暴力时，大学生应向老师、同学或校内安保人员求助；若暴力事件升级或已经造成了严重后果，则还应报警，以寻求帮助。

3．正当防卫

若危机已无可避免，则应采取必要的自卫手段，保护自身不受到更为严重的伤害。

4．收集证据

在受到暴力侵害后，应及时报警，并注意收集相关证据，如记下施暴者的外貌特征，收集施暴者遗留的物品，对身体受伤的部位拍照取证，等等。

六、应急管理

案例分析

某天中午，大学生小赵正在宿舍午休，忽然感觉到一阵晃动。小赵意识到是发生地震了，惊慌之下，他不顾其中一个舍友招呼他从出口逃离，也没有听另一个舍友的劝躲进卫生间，而是就近跑到了阳台，想要从二楼跳楼逃生。结果小赵因跳楼摔伤了腿，而其他舍友则平安无恙。

请思考：

（1）小赵的行为有哪些不妥之处？遇到地震时应当怎样正确逃生？

（2）你还知道哪些自然灾害？在发生这些自然灾害时应当怎样应对？

（一）高温灾害的应对

高温灾害是指日最高气温大于或等于35℃，会对农牧业、能源供应、人体健康等造成危害的气象灾害。

在高温高湿环境下，细菌、病毒等微生物大量滋生，食物极易腐败变质，若食用则可能引起急性胃肠炎、痢疾等疾病。若发现食品有变质现象，应马上丢弃，不再食用。

从室外高温环境中进入室内后，应避免直接对着风扇或空调的出风口吹，亦不可大量食用冰镇食品，否则容易引发头晕、头痛、腹泻、呕吐等症状。此外，在晴朗的高温天气下，过强的紫外线容易导致皮肤病，因此应尽量减少午后高温时段的户外活动。若要进行户外活动，应做好防晒措施。

（二）台风灾害应对

台风是发生在北太平洋西部海洋和南海海上的热带气旋，是一种极强烈的风暴，其中心附近最大风力可达12级或12级以上，对不坚固的建筑物、架空的各种线路、树木、海上船只和海边农作物等的破坏性很大。

在台风登陆时，为确保人身及财产安全，应做好以下应对措施：

（1）台风经过时常会带来汹涌的海浪，此时海岸边较为危险，应当尽量远离海岸。

（2）台风常伴随有大暴雨，因此出门时不要赤脚，最好穿上雨靴，防雨的同时也起到绝缘作用，预防触电。走路时应仔细观察，以免踩到电线。

（3）通过小巷时应特别留心，台风天气易引发围墙倒塌事故。走在高大建筑物旁时应注意躲避高空坠物。尽量少走高层楼房之间的狭长通道，因为狭长通道内的风力较大，容易给行人带来危险。

（4）尽可能远离建筑工地。台风天气时，在建筑工地附近活动十分危险，工地围墙经过雨水渗透，可能会松动；脚手架、围栏可能会倒塌；一些散落在工地上没有及时收起的建筑材料可能会被风吹落；等等。

（5）不要在广告牌和树下长时间逗留。

（6）尽量不要骑自行车，因为很有容易被大风吹倒，造成摔伤。

（7）应当将容易被风卷走的东西搬进房子里或固定在原地，如花盆、晾衣架等，以免砸伤路人。关好门窗，尤其是迎风一面的门窗；若风势猛烈，可用木板或沉重的家具顶住向内开的门窗。可以在玻璃窗上贴上胶布，以免玻璃破碎伤人。

（8）准备好蜡烛、火柴和手电筒，以备在台风造成停电时急用。

（三）雷电灾害应对

雷电是伴有闪电和雷鸣的一种放电现象。雷电一般产生于对流旺盛的积雨云中，因此常伴有强烈的阵风和暴雨，有时还伴有冰雹。

在雷电天气时，应着重做好以下应对措施：

（1）关闭家用电器，拔掉电源插头，防止雷电通过电源线入侵。

（2）不要靠近窗户，尽可能远离电灯、电线、电话线等。

（3）如果在室外，尽量寻找低洼之处（如土坑）藏身，或者立即下蹲，降低身体高度；不要在空旷的野外停留；远离孤立的大树、高塔、电线杆、广告牌等；不要在户外使用手机；如多人共处室外，相互之间不要挤靠，以防雷击中后电流互相传导。

（四）冰雹灾害的应对

冰雹多发生在夏季或春夏之交，是一种坚硬的球状、锥状或形状不规则的固态降水。冰雹具有强大的杀伤力，可能会损坏房屋、车辆，砸伤人员、牲畜等。

如果突然遭遇冰雹的袭击，一定要保持镇定，迅速寻找遮挡物，可以躲进室内、车内、公交站牌下、粗壮的大树下等。如果附近没有遮挡物，应该采取户外安全避险姿势，即蹲在地上，双手抱头，全力保护头部、胸部与腹部不受到袭击。如果随身携带有书包、文件夹等，可以将这些东西临时放在头顶。如果发现有人被砸伤，应立刻将其带入遮挡物下进行急救，同时拨打 120 医疗救护电话寻求帮助。此外，还要远离玻璃窗等，以免被冰雹砸碎的玻璃划伤身体。

（五）洪涝灾害应对

洪涝灾害是指因大雨、暴雨或持续降雨使低洼地区淹没、灌水的灾害。位于湖泊周围的低洼地、江河两岸或入海口地区容易发生洪涝灾害。

发生洪涝灾害时，可从以下几个方面加以应对：

（1）接到洪水预警时，应提前准备好食品、衣物、饮用水和必要的医疗物品等，然后转移至安全的地方。离开家之前，应关掉燃气阀与电源总开关。如时间允许，可以将衣服、被褥、电器等放至高处保存，票款、首饰等物品可缝在衣物中，不便携带的贵重物品可做好防水捆扎后埋入地下或置于高处。出门时应关好房门，以免房内物品随水漂走。

（2）根据自己所处的位置和现有的条件，冷静选择最佳路线转移，要认清路标，确认转移的路线和目的地是否正确，避免因为惊慌而走错路。

（3）如果来不及转移，要迅速到就近山坡、高地、避洪台或地基结构坚实的建筑物上暂避。

（4）如果已被洪水包围，要设法尽快与当地政府或救援部门取得联系，报告自己的方位和险情，积极寻求救援。

（5）若已落入水中，则应迅速抓住周围可利用的漂浮物，如树木、木板、塑料板等；应尽量远离洪水水道，以免被湍急的水流冲呛，同时也要远离漂浮有汽油、柴油的水域，以免引起呼吸道和肺部感染。

（六）地震灾害应对

地震是指地壳震动，通常由地球内部的变动引起。震级较大的地震不仅会对建筑物造成严重的破坏，还可能造成火灾、水灾、有毒气体泄漏、细菌及放射性物质扩散等事故，或引发海啸、滑坡、崩塌、地裂缝等次生灾害。

地震发生时，应从以下几个方面加以应对：

（1）就近躲到坚实的家具下，如写字台下、结实的床下，也可躲到墙角或管道多、整体性好的卫生间或厨房等处。注意不要躲在外墙窗下、电梯间内，不能跳楼逃生。

（2）选择好躲避处后应蹲下或坐下，脸朝下；抓住桌腿等身边牢固的物体，以免摔倒或因身体失控移位而受伤；低头，用手护住头部或后颈；闭眼，以防异物伤害；有条件的话，可用湿毛巾捂住口、鼻，以防尘土、毒气等。

（3）若身处室外，可原地不动蹲下，双手保护头部。注意避开高大建筑物、烟囱、变压器、玻璃幕墙建筑、高架桥和存有危险品、易燃品的场所。

（4）若身处百货商场，应就近躲藏在柱子或大型商品旁，但要尽量避开玻璃柜。在楼上时，要看准机会逐步向一层转移。

（5）若身处工厂的车间里，应就近蹲在大型设备旁边，但要注意离开电源、火源等。

（6）若身处行驶的汽车或火车内，应抓牢扶手，以免摔伤和碰伤，同时要注意避免被掉落的行李砸伤。靠近走道座位上的人可用双手护住后脑，并抬膝护腹、紧缩身体。地震后，迅速下车向开阔地转移。

地震停止后，为防止余震伤人，不要轻易跑回未倒塌的建筑物内。若被倒塌建筑物压埋，应采取以下措施自救：

（1）尽量活动手、脚，清除脸上的灰土和压在身上的物品。

（2）用周围可以挪动的物品支撑身体上方的重物，避免其进一步塌落；扩大活动空间，保持足够的空气。

（3）如果几个人同时被压埋，要互相鼓励、团结一致，必要时采取脱险行动。

（4）寻找和开辟通道，设法逃离险境，朝着有光亮、更安全宽敞的地方移动。若一时无法脱险，要尽量节省力气。如能找到食物，要有计划地节约食用，尽量延长生存时间，等待救援。

（5）保存体力，不要盲目大声呼叫。在周围十分安静，或听到外面（上面）有人活动时，可以用砖、铁棍等有规律地敲打墙壁；当确定不远处有人时再呼救。

（七）泥石流灾害应对

泥石流是指山坡上大量泥沙、石块等经山洪冲击而形成的突发性急流。泥石流对建筑物、公路、铁路、农田等有很大的破坏作用。

在山谷等易发生泥石流的地区活动时，应当做好以下防范与应对措施：

（1）在山谷徒步时，一旦遇到大雨，应迅速转移到安全的高地，不要在谷底过多停留。

（2）注意观察周围环境，特别留意远处山谷中是否有打雷般的声响，如听到声响应高度警惕，这很可能是泥石流将至的征兆。

（3）发生泥石流后，应立即朝着与泥石流流向垂直的山坡逃生，不能顺着泥石流前进的方向逃生。不能停留在坡度大、土层厚的凹处，也不能爬到树上躲避。

第五章 大学生心理健康

第一节 大学生心理健康概述

一、大学生心理健康的含义

大学生的心理健康是学业有成、生活美满的基石，对未来职场发展和融入社会非常重要。戴尔·卡耐基曾说过，一个人事业上的成功，只有15%是由于他的学识和专业技术，而85%是靠良好的心理素质和善于处理人际关系。因此，每位大学生都应积极努力维护心理健康，保持身心的健康与平衡，以更好地迎接未来。

什么是心理健康？这个问题迄今为止心理界没有统一的说法，不同学者有不同的观点。1948年世界卫生组织将心理健康定义为："人们在学习、生活和工作中的一种安宁平静的稳定状态。"《简明不列颠百科全书》将心理健康进一步解释为："心理健康是指个体心理在本身及环境条件许可范围内所能达到的最佳功能状态，但不是十全十美的绝对状态。"这个释义说明了心理健康如潺潺流水是一种动态的过程，灵动不息，是一个富有弹性的过程。它象征着强大的自我修复力，在知情意行的交融中成长，我们在此中不断趋于完美，然而这旅途，永无止境。因此，心理健康从广义上讲，它是一种持续高效而满意的心理状态；从狭义上讲，心理健康于内是知、情、意、行的统一，于外是个体人格完善协调，社会适应性良好。

什么是大学生心理健康？有学者认为大学生心理健康是指大学生在学习、生活、社会交往等各方面都能保持一种良好的心理状态和心理素质，能够适应环境的变化，保持积极向上的心态，合理应对压力和挫折，达到心理平衡和情绪稳定。

二、大学生心理健康的意义

大学生心理健康具有重要的意义，具体体现在多个方面，对个人、家庭和社会都有深远的影响。

（一）个人方面

1．学有所成

良好的心理健康状态有助于提高大学生自身免疫力，提高机体对疾病的抵抗力，减少感冒、传染性疾病的患病概率，可以让学生有精力充沛的身体专注于学习，提高学习效率和成绩。心理健康的学生更容易设定并实现学术目标，克服学术挑战，在学业上取得成功。

2．良好的人际关系

心理健康的大学生情商高，善于处理人际关系，在与同学、朋友和家庭成员的交往中表现出更好的沟通能力和情感管理能力，有助于建立和维持良好的人际关系。

3．职业发展顺利

心理健康的大学生在职业规划和求职过程中更有自信和应对能力，能够更好地处理工作压力和职业挑战，促进职业生涯的顺利发展。

4．心态平和幸福感指数高

心理健康的大学生善于调整自己的情绪，能够预防和调适焦虑、抑郁等不良心态的发生与发展，保持心态平衡和稳定，提升整体生活质量和幸福感，精神境界得以升华。

5．勇于挑战自我，实现个人价值

心理健康的大学生逆商值高，抗压抗挫折能力强，能够在面对各种挑战时保持积极的心态和有效的解决方案。心理健康的大学生能够更清晰地认识自我，发挥个人潜力，实现自我价值，有助于个人成长。

（二）家庭方面

心理健康的大学生可以与家人保持良好的沟通和关系，减少家庭矛盾和冲突。同时，心理健康的大学生也能更好地理解和支持家人，促进家庭幸福。

（三）社会方面

1．社会稳定

心理健康的大学生能够更好地适应社会环境，减少社会问题的发生，如犯罪、暴力等。此外，心理健康的大学生毕业后更容易适应工作环境，减少就业难题，推动社会经济发展。

2．创新与发展

心理健康有助于培养创造性思维和解决问题的能力，这对社会的创新和发展至关重要。心理健康的大学生在进入社会后，能够更好地发挥自身潜力，推动科技、文化和经济的进步。

3．社会成本

预防和解决大学生心理健康问题，可以减少社会医疗和相关服务的成本。心理健康的学生减少了心理疾病的发病率，降低了社会医疗负担，同时也减少了因为心理问题引发的社会问题。

大学生的心理健康与否不仅影响他们的学业、生活和未来发展，也对家庭和社会有重要的影响。因此，关注和促进大学生心理健康，是社会各界共同的责任和目标，值得广大学生、家庭和学校共同关注和重视。

三、大学生心理健康的标准

心理健康问题具有复杂性和不确定性，因其无绝对界限而难以判断一个人心理是否健康。针对我国大学生这一特殊群体，其心理健康标准应考虑年龄特征、心理特征和社会角色特征，具体标准可归纳为智力正常、人际关系和谐等。建议大学生积极参与社会活动，及时寻求心理辅导，以维护心理健康。

（一）智力正常

智力正常是大学生学习、生活、工作必备的心理条件，也是衡量大学生心理健康的首要标准。一般来说心智正常的人的想法与现实之间的差异不会过大，他们能够准确地感知和理解现实世界，正确客观地认识自然和社会，他们不会做出伤害自己身体的行为，他们头脑清醒，思维活跃，能积极面对现实的问题和困难，并做出合理的决策，能胜任各项学习任务。

（二）顺应环境变化

人生活在社会中，就如同鱼在水中游弋，离了社会环境和他人的援助，个体将难以存活。大学校园生活，对每个学生人而言，是挑战与机遇并行的时期，只有那些敢于面对挑战、积极适应环境的人才能在这里真正地成长和收获。较强的适应能力是心理健康的重要特征。一个心理健康的大学生，应当能够与社会保持良好的互动，对社会的当前状况和未来发展有清晰且准确的认识，他的思想和行动都能与时俱进，符合社会的期望，能勇于面对现实，不断提升自我，顺应各种环境变化。

（三）认识自我、悦纳自我

孔子曰："知人者智，知己者明。"大学生要有正确的自我概念，并对自己采取现实主义的态度，客观地进行自我评价，这是大学生心理健康的重要条件。大学生是在与现实环境、与他人的相互关系及自己的实践活动中不断认识自己的。

一个心理健康的大学生对自己的认识，应比较接近实际，有自知之明，恰如其分地认识自己，摆正自己的位置，既不以自己在某些方面高于别人而自傲，又不以某些方面低于别人而自卑；面对挫折与困境，能够自我悦纳，喜欢自己，接受自己，自尊、自强、自立、自律，正视现实，积极进取。了解自己的长处，才会清楚自己的发展方向；了解自己的缺陷，才会少犯错误，避免去做自己力所不能及的事情。应对自己的优点感到欣慰，但又不狂妄自大；对自己的弱点既不回避，也不自暴自弃，做到善于接纳自我。

（四）具有健全人格

人格是个体稳定心理特征的总和。“具有健全的人格”要求个体在自我认知、情感管理、道德观念、社交技能以及自我实现等多个方面达到平衡和发展。心理健康者人格健全统一，行为保持连贯性，能与世界和谐互动。他们能在不同环境中调整自我，保持行为的统一与协调；反之，其人格缺乏统一性与连贯性，变幻莫测，呈现双重人格或多重人格等。

大学生人格健全的核心标准是：人格结构完整，有正确的自我意识；以奋发向上的人生观为基石，统一需求、愿望、目标和行为。这对大学生的全面发展至关重要，是培育优秀人才不可或缺的要素。

（五）心理行为与大学生年龄相符

人的心理行为与生理发展密不可分，不同年龄有不同特征。心理健康者，其认知、情感及行为应与年龄相符。如果某人的心理行为与年龄特征严重不符，则可能存在心理问题。健康的大学生应精力充沛，具备年轻人的活力与朝气，爱学习，思维敏捷，爱探索。过于老成、幼稚或依赖，都是心理不健康的表现。大学生须保持心理健康，才能全面发展。

（六）人际关系和谐

和谐的人际关系，是大学生心理健康的源泉，是他们走向成熟、实现自我价值的重要桥梁。和谐的人际关系具体表现为：乐于与人交往，交往中能够坦诚沟通、尊重他人、乐于助人；能保持独立的人格，有自知之明，不自卑也不高傲；能客观地评价他人和自己，善于取他人之长，补己之短；能相互信任，愿意为了共同的目标而努力实现合作共赢。稳固而和谐的人际关系能为事业成功与生活幸福奠定基础，如果人际关系不和谐，经常与他人发生冲突，或不愿意与人交往，则容易形成心理障碍。

（七）言行举止与社会身份相符

在现实生活中，一个人的言行举止往往是其社会地位和个人修养的直接体现，每个人在不同的场合或从不同的角度来看，都有不同的身份，社会对各种身份有相应的要求和规范。一般认为，大学生的行为与其身份的规范相符则心理是健康的。

（八）情绪健康

情绪健康是身心健康的重要标志，表现为情绪稳定、心情愉悦。健康的情绪意味着愉悦多于负面情绪，心情开朗，对生活满怀憧憬。它要求我们在不同场合要因地制宜、张弛有度地表达情绪，情绪的表达既要符合社会规范又要满足个人需求。当一个人心理十分健康时，他善于调控情绪，能保持情绪稳定；在与人交往中，他能够恰如其分地表达自己的喜怒哀乐，不会过分压抑也不会无端发泄。这种健康的情绪表达方式，不仅有助于建立良好的人际关系，更是他内心和谐与自信的外在体现。而经常愁眉苦脸、萎靡不振，是心理不健康的表现。

第二节　大学生心理健康问题

一、大学生的生理发育和心理发展特点

大学生的生理发育处于快速发展和趋于成熟阶段。从生理上讲，他们的大脑已经发育得如同成人一般，记忆力、理解力和思维能力都迈上了新台阶。他们身体各系统的生理机能，包括消化、心血管、呼吸、泌尿、神经、运动、内分泌、免疫力系统和性机能等已发育良好，基本达到最佳状态，病患率低，进入身体最佳时期。从心理上讲，他们的心理发育处于一个充满挑战和机遇的阶段，学生在这个时期会不断成长和发展。此时大学生的认知能力快速成长但容易受个人偏见影响，情感丰富但情绪不稳定，人格发展日趋成熟但仍有待完善，稳定的人生观念和价值观念正在形成中。

二、大学生心理健康问题的表现

（一）心理异常的评估原则

郭念锋提出了区分正常与异常心理的三原则，违反下述任意一条原则，都可视为心理存在异常。

1. 人格的相对稳定性原则

此原则指出人格一旦形成，个体的人格特征在一段时间内应当保持相对稳定。如果一个人的人格特征突然发生急剧变化，例如无故暴躁多疑，那么表明其心理可能出现了异常。

2. 主观世界与客观世界的统一性原则

此原则指的是个体的主观感受、外在行动应该与其所处的客观环境相一致。如果一个人的主观体验与现实世界严重脱节，表明其心理状态可能存在异常。

3．心理活动的内在协调性原则

此原则强调心理活动中的认知、情感、意志等各个部分应该保持协调一致。若出现严重的内部矛盾或冲突，意味着心理可能异常。

上述三条原则为区分心理正常与异常提供了强有力的理论依据，有助于专业人员通过观察和分析个体的主观体验、心理活动的协调性以及人格的稳定性，有助于他们更准确地判断个体的心理健康状况，及时采取相应的干预措施，以便使患者得到及时且有效的治疗。

（二）心理健康的诊断标准

心理异常的评估是一个综合多方面的考量过程，需要结合多种标准和个体的具体情况来进行全面分析，常用的检测标准有以下几种。

1．心理健康测验标准

心理健康测验标准一般有明确的诊断标准、常用量表、常用行为量表、焦虑自评量表、抑郁自评量表等各种心理测验来判断个体是否心理异常。这些测验能够评估个体的记忆力、智力水平和人格特质，从而判断其是否在正常范围内。使用心理量表时，需注意几个问题：①不能仅凭一个量表就进行自我诊断，应结合多种评估方法进行评估。②心理状态是变动的，测量结果只能反映当下的心理状态，不能代表长期的心理健康。③要选择适合不同人群的量表，通过比较结果差异来更全面地了解自身心理状况。④应谨慎、综合地使用心理量表，避免盲人摸象一样解读结果。

2．社会常态检验标准

一个心理健康的人能够正确处理自己的日常生活和日常事务，能自如地生活、工作、学习、交友，因此我们可以通过观察被检测者的思维、行为是否符合社会规范、道德准则和价值观念来判断其心理状态。如果个体的行为与社会常态相符，则视为正常，反之则可能被视为异常。

3．内省经验标准

此经验标准主要包括两个方面：一个方面是以当事人自己的主观体验为标准进行判断。如果个体自己感觉到焦虑、抑郁、恐惧或无法控制自己的行为，这通常被认为是心理异常的表现；另一个方面是指心理医生的内省，根据心理医生的人生阅历及从医经验判定来访者的心理状况。

4．医学标准

如果个体的某种心理现象或行为可以找到某一类疾病的病理解剖或脑电图、脑血流图、头部X线、CT检查等病理生理变化的依据，那么这个人可能被认为存在心理异常。

（三）大学生心理问题表现

当同学们面临心理问题时，有时会陷入误解，认为自己“有病”或“精神不正常”。

每个人在不同的人生阶段都可能碰到轻微的心理问题，这种情况危害性不大，一般表现出情境性、偶发性和无病理性。但同学们要注意心理障碍和心理问题有本质区别，心理障碍是心理问题的累积或演变，或是脑损伤导致的结果，心理障碍需要专业的心理治疗来介入和帮助。

目前大学生中普遍存在的一般心理健康问题表现为适应障碍、学习问题、人际关系问题、情绪问题、恋爱问题等。

1．适应障碍

进入大学后，学生需要适应新的生活、学习环境和人际关系。如果他们无法顺应新环境，可能会产生焦虑、抑郁等情绪反应，甚至出现旷课、迟到、游戏成瘾、喜欢去酒吧找刺激、与同学人际关系紧张等不端行为。

2．学习问题

大学生的主要任务是学习，学习上的问题和挫折对大学生的影响是显著的。不少大学生进入大学后没有找准自己的人生目标，感觉很空虚，被动地适应大学考试压力，感觉学习困难。大学学习节奏很快，学习模式也发生了很大的改变，由“要我学”变为“我要学”，一节课下来教师提供很多知识点，会让部分学生感到难以消化，随着时间的推移，不会的知识越来越多，慢慢失去学习兴趣，出现学习困难问题。学习困难的学生上课注意力无法集中，学习成绩不理想，于是索性放飞自我，沉溺于网络、抽烟、喝酒等，这些成瘾行为不仅影响他们的身体健康，还可能对他们的心理健康造成长期伤害。

3．人际关系问题

一方面少部分大学生在社交场合会感到害羞、局促不安，害怕被审视，不敢演讲，不敢参加社团活动，回避社交。这种社交恐惧症状在极端情况下可能导致社会隔离，严重影响大学生的社交能力和人际关系。另一方面他们常从自我视角出发，忽视他人，造成人际隔阂。

4．情绪问题

大学生情绪问题主要是指持续的消极或负向情绪，一般源于不幸事件，如持续悲伤、痛苦等。稳定而积极的情绪反应对大学生的成才至关重要，同时也是心理健康的标志。若负面情绪占主导，则需高度关注。常见的大学生情绪问题包括焦虑、抑郁、愤怒和嫉妒等。这些问题可能阻碍学生的个人发展和社交能力。

5．恋爱问题

大学生恋爱已屡见不鲜，然而由恋爱步入婚姻者寥寥无几。恋爱问题表现为单恋、失恋、多角恋纠纷等，恋爱中的偏激行为，如恋爱嫉妒心理、失恋自杀、因情他杀等时有发生。当下，这一问题越发复杂。

三、大学生心理健康问题的危害

大学生心理健康问题的危害是多方面的。一个心理健康存在问题的大学生会影响自己学业及未来职业发展；影响身心健康；影响人际关系。别人很难理解存在心理问题的人的一些奇怪行为，从而对这样的人区别对待，造成对病人更大的伤害。同时，一个有心理健康问题的大学生不仅可能会影响到后代，严重时还会无意中伤害周围的人，所以，心理问题对社会的危害非常大，为了避免不幸事件的发生，必须尽快完善相关的研究工作，让更多人重视心理健康问题。

（一）影响学业成绩与职业发展

心理健康问题影响大学生的学习效果。如焦虑、抑郁等情绪问题可能干扰大学生的思维过程，影响他们的信息处理能力，导致注意力不集中、记忆力减退、学习动力下降，从而影响大学生的学习效果，影响学业成绩。此外，心理健康问题可能影响大学生的职业规划和发展。心理问题会使大学生在求职过程中缺乏自信或表现出抑郁情绪，无法有效应对面试和职业竞争，从而影响他们的就业机会和职业发展。

（二）损害身心健康

心理健康问题与身体健康密切相关。长期处于焦虑、抑郁等负面情绪中，容易导致免疫力下降，增加患病风险。同时，心理健康问题还可能引发失眠、食欲不振等生理症状，进一步损害大学生的身心健康。

（三）影响人际交往与人际关系

大学生心理问题的存在会削弱大学生的人际交往能力。缺乏自信、社交焦虑等心理问题会使大学生在社交场合中表现拘谨，回避与他人交往，从而失去与他人建立良好人际关系的机会。

心理健康问题可能导致大学生在人际交往中表现出冷漠、孤僻、易怒等不良行为。这些不良行为对家人产生的影响是最为明显的。家人会经历情感上的挣扎，因为他们可能无法理解患者的状况和情绪波动。他们会感到无助、焦虑和担心，因为他们对于如何帮助和支持患者感到困惑。同时，患者的心理健康问题也会导致家庭氛围紧张，增加家庭成员之间的矛盾和冲突。这种紧张氛围会对所有家庭成员的心理健康产生负面影响，形成一种恶性循环。这些不良行为也会影响其与同学、老师的关系，而这种不好的人际关系可能进一步加剧大学生的心理压力，形成恶性循环。

（四）威胁生命安全

在极端情况下，心理健康问题会导致大学生产生自我伤害和伤害他人的倾向或行为。近年来，大学生自杀事件时有发生，很多实际案例表明，因为心理问题而导致的犯罪案例不在少数，给家庭和社会带来了极大的痛苦和损失。因此，关注大学生心理健康问题，预防自杀及犯罪事件的发生，具有重要的现实意义。

总之，大学生心理健康问题是一个亟待解决的问题。只有全社会共同努力，关注大学生的心理健康，才能帮助他们健康成长，为国家和社会的发展贡献自己的力量。

第三节 大学生心理问题维护措施

随着社会的快速发展和竞争的日益激烈，大学生心理健康问题的危害不容忽视。家庭、学校和社会应共同关注大学生的心理健康，积极采取措施预防和干预心理健康问题。

一、大学生心理健康的家庭维护

通过有效实施以下策略，可以增进家庭和谐、促进个体成长、预防和缓解心理问题，为大学生的全面发展奠定坚实的基础。

（一）加强沟通与交流

家庭成员应保持良好的沟通习惯，关注大学生的情感需求，倾听他们的心声，鼓励他们表达自己的想法和感受。

（二）提供情感支持

家庭成员应给予大学生充分的关爱和支持，关注他们的情感需求，帮助他们建立正确的自我认知和价值观。让他们感受到家庭的温暖。在面对挫折和困难时，家庭成员应给予鼓励，帮助大学生建立积极的心态。

（三）营造积极氛围

家庭成员应共同努力，营造积极、健康的家庭氛围。这包括尊重彼此、鼓励创新、包容失败等方面，使大学生在轻松愉快的环境中成长。

（四）培养健康习惯

家庭成员应引导大学生养成健康的生活习惯，包括规律作息、合理饮食、适度运动等。同时，关注大学生的兴趣爱好，鼓励他们积极参与课外活动，丰富生活体验。

二、大学生心理健康的教师维护

《教育部关于加强普通高等学校大学生心理健康教育工作的意见》（教社政〔

2001〕1号）明确指出了高等学校大学生心理健康教育工作的主要任务和主要内容。

高等学校大学生心理健康教育工作的主要任务是：根据大学生的心理特点，有针对性地讲授心理健康知识，开展辅导或咨询活动，帮助大学生树立心理健康意识，优化心理品质，增强心理调适能力和对社会生活的适应能力，预防和缓解心理问题。帮助他们处理好环境适应、自我管理、学习成才、人际交往、交友恋爱、求职择业、人格发展和情绪调节等方面的问题，提高健康水平，促进德智体美等全面发展。

高等学校大学生心理健康教育工作的主要内容是：宣传普及心理健康知识，使大学生认识自身，了解心理健康对成才的重要意义，树立心理健康意识；介绍增进心理健康的途径，使大学生掌握科学、有效的学习方法，养成良好的学习习惯，自觉地开发智力潜能，培养创新精神和实践能力；传授心理调适的方法，使大学生学会自我心理调适，有效消除心理困惑，自觉培养坚韧不拔的意志品质和艰苦奋斗的精神，提高承受和应对挫折的能力，以及对社会生活的适应能力；解析心理异常现象，使大学生了解常见心理问题产生的原因及主要表现，以科学的态度对待各种心理问题。

在大学生心理健康教育工作中，要以辩证唯物主义和历史唯物主义为指导，防止唯心主义、封建迷信和伪科学的干扰，确保心理健康教育工作的正确方向。大学生心理健康教育工作要重在建设，立足教育。心理健康教育要以课堂教学、课外教育指导为主要渠道和基本环节，形成课内与课外、教育与指导、咨询与自助紧密结合的心理健康教育工作的网络和体系。

三、大学生心理健康的自我维护

（一）了解自身主要心理冲突

大学生正处在身心快速发展的时期，大学阶段是自我发展和成熟的关键时期。这个阶段的大学生面临许多挑战，心中交织着许多矛盾。大学生正是在迎接挑战和化解矛盾的过程中不断成长，由单纯、幼稚走向成熟、完善。在大学时期了解自身的主要心理冲突能为大学生活作好准备，为培养良好的心理素质打下坚实的基础。

大学生的主要心理冲突除了在成长中身体与心理之间的不适应外，主要来自和学校、家庭、社会等客观环境之间的冲突和不适应。

1．学校环境带来的心理冲突

学校是大学生成长的重要环境，大学时光对他们的影响是不同的：大一是过渡期，大学生要实现从中学到大学的过渡，包括学习方法、学习态度、与教师的关系等方面的必要调整，不适应是大一学生的整体感觉，只是在时间和程度上会有个体差异；大二是特殊时期，也是大学生的“心理断乳期”，他们基本适应了大学生活，但身心处于发展的高峰期，身心的变化会让他们出现很多困惑和不安，人际交往和恋爱情感问题往往在这一时期凸显；大三、大四时期，大学生面临就业的压力和未来的发展问题，这一时期的心理压力也会通过各种各样的方式表现出来。

2．家庭环境带来的心理冲突

和学校一样，家庭也是大学生成长的重要环境。进入大学后很多学生会感觉在时间和空间上都得到了较大的自由，高涨的成人感使他们希望独立，但另一方面，由于经济上的依附和以前依赖形成的惰性的影响，大学生很难实现完全的独立，他们陷入依赖家庭和独立生活的矛盾冲突之中，左右为难。

3．社会环境带来的心理冲突

我国正处于迅猛发展阶段，各种思潮的冲击使人们的思想、观念、心理、行为发生了一系列变化：人们面临着传统观念的变革和价值体系坐标的选择；科技的发展使人们的生活、娱乐、交往方式悄然发生改变，人们面临着新的生活方式选择的问题；而在自谋职业及多种渠道就业的新形势下，面对竞争激烈的人才市场，人们又面临着就业、生存、发展的压力。大学生正处于个性与观念的成熟期，能够敏锐地感受到这种变化的冲击。他们一方面勇于接受这种变化；另一方面又对这种变化感到迷惘，难以适应。

（二）了解心理冲突的表现方式

大学生主要心理冲突的表现方式有独立性与依赖性的矛盾、闭锁性与交往性的矛盾、理想与现实的矛盾等。

1．独立性与依赖性的矛盾

由于大学是个延缓偿付期，大学生在经济上主要还是依靠家庭，缺乏真正的独立生活能力和自学能力，思想比较单纯，社会阅历和经验还不够，因而往往志大才疏，眼高手低，渴望得到具体帮助。这种依赖性最具体的表现就是等待心理，等待老师的关心和指导，等待同学的友谊之手，等待父母的经济支持等。

2．闭锁性与交往性的矛盾

大学时期是由不成熟向成熟转化的阶段，自我意识进一步增强，自尊心也特别强烈，注意力更多转向内心世界，不再轻易表现和发泄自己的情感。这时心灵的自然流露减少，封闭性增强，给他人的交流和了解增加了困难。感觉别人总是不理解自己，有许多思想感情不愿轻易向他人吐露。另外，归属的需要是人类最基本的需要之一，不仅需要向亲密交往的知己敞开心扉、坦诚交谈，也需要加入一个团体以满足心理上的归属感，因此闭锁性与强烈交往需要之间的矛盾也就油然而生了。

3．理想与现实的矛盾

学生对自己的未来充满了信心和希望，由于他们对现实生活缺乏深刻的体验，因而他们的理想常常带有幻想乃至空想的色彩。刚刚迈进大学校园的学生，对所学专业、生活环境、人际关系等都有一个重新认识的过程，因此，在认识过程中就会产生理想与现实的矛盾。

（三）心理健康问题的应对

如果察觉到自己出现了心理健康问题，大学生应当尽快通过情绪宣泄、自我暗示等方式调整心理，必要时还应及时就医。

1．悦纳自己

“金无足赤，人无完人”，大学生不要过于苛求自己，而是要学会欣赏自己的独特之处，接受自己的不完美，正确认识自己，这样的心态能够帮助一个人更好地面对生活的挑战，提高自我满意度和幸福感，从而更好地规划人生。大学生可以通过学习、工作的成果来了解自己的性格、价值观、兴趣爱好等；积极参加社会生活，丰富生活经验，促进对自己的了解；通过同别人的比较来认识自己；根据别人对自己的态度来认识自己；接受自己，喜欢自己；认真对待自己的得失；关爱自己的身体和心理健康；与他人建立良好的关系，提高自我认同感和价值感；对自己的能力做出客观的评价，并依此树立适度的奋斗目标悦纳自己，成功的体验、欢乐的情绪，对于维护心理健康是非常重要的。

2．保持稳定的情绪

避免过度的情绪。人们遇到喜事会开心，遇到不称心的事会烦恼，这是正常的。但过度的情绪，如狂喜、暴怒、绝望等都是不好的。在现实生活中，当喜则喜，应悲则悲，但不可过度。当出现烦躁、焦虑、压抑等不良情绪时，需要及时将其宣泄出来，以免不良情绪积少成多，造成更加严重的问题。情绪宣泄的方法有很多。如可以通过放声大哭发泄心中的委屈；通过参加体育运动、娱乐活动等方法转移注意力将不良情绪消除或转变为积极情绪；还可以将内心的感受向朋友倾诉，或写在日记中等。

3．自我暗示

自我暗示即通过主观想象某种特殊的人或事物的存在来进行自我刺激。在日常的学习与生活中，如果出现了消极的情绪，大学生可以尝试给予自己积极的自我暗示，调整心态。

积极的自我暗示包括以下三个层次：

（1）语言、文字暗示。语言与文字是自我暗示的初级工具。如在表示积极向上的词语前加上主语“我”，“我很勇敢”“我会成功”这样的表述，能够起到自我暗示的作用。

（2）动作、表情暗示。动作与表情是传递信息的重要媒介，且具有强烈的暗示作用。如微笑可以起到良好的暗示作用，能够给人带来好心情。

（3）环境暗示。每个人都生活在一定的环境之中，会不可避免地接受环境的暗示。因此，良好的学习、生活环境对培养积极心态具有重要作用。出现消极情绪的大学生除了需要时常用积极的语言、文字、动作、表情来鼓励自己外，还要注重改善学习、生活环境，并多与乐观的人交往，多参加具有积极意义的集体活动，使自己长期处于积极的环境暗示当中。

4．养成健康的生活娱乐方式

健康的生活方式指的是生活规律、合理饮食、科学用脑、体育锻炼、戒烟限酒、讲究卫生等。大脑是心理活动的器官，过度的疲劳、紧张、兴奋会引起脑功能失调，要学会调节情绪，保持积极的心态。一个人如果能注意培养和发展自己的业余爱好，进行多方面的自我娱乐活动，对维护心理健康有好处。

5．遇到心理问题时主动求助

在校期间，大学生可以通过心理健康教育课程学习、参加心理健康讲座、参加心理健康宣传活动等方式学习掌握心理健康知识，增强对心理健康问题的重视和认识。在大学期间，一些挫折是不可避免的，不同的人面对挫折会有不同的反应，挫折既会给人以打击，带来损失和痛苦，也能使人奋进、成熟，在磨炼和考验中变得坚强起来。大学生遇到挫折，既要学会勇敢面对，也要学会主动求助。求助是一种能力，求助的渠道有：亲人、朋友；阅读心理自助类图书等；如果出现无法自我调节的心理健康问题，或心理健康问题已经严重影响正常生活，大学生应当及时通过正规渠道寻求帮助，如去学校心理咨询中心、心理热线进行心理咨询或去医院的心理门诊、专门的精神医院就诊。

四、大学生心理健康问题的咨询服务

心理咨询是咨询师与来访者进行的信息交流活动。通过这种交流，咨询师为来访者提供帮助，解决来访者的心理问题，促进来访者达到与他人及社会的完全适应状态。

从本质上来讲，心理咨询也是一种人际互动过程。在这个过程中，咨询师运用心理学的专业理论知识、心理咨询的专业技术及自身的独特经验等，通过多次的咨询交流或情景创设等方式，帮助来访者认识自己、接纳自己，适应正常的工作、生活和学习。

（一）概念辨析：心理咨询、心理治疗、精神病学

很多时候，人们会把心理咨询、心理治疗、精神病学等概念混为一谈，但其实这三者是有区别的。

心理咨询是咨询师与来访者进行人际互动的过程。这种人际互动不是为了交朋友，而是为了帮助来访者解决心理上的问题和困惑。心理咨询过程中是从不使用药物的。

心理治疗是心理医生运用心理学的技术和方法对患者的心理问题或人格障碍进行矫治，促进其人格向健康、协调方向发展的过程。心理治疗有时会使用一些特殊的技术和药物。从广义来讲，心理治疗泛指一切能够影响、改变人的心理状态和行为的方法，当然也包括心理咨询。因此，有时候人们对这两个概念区分得没有那么清楚。

精神病学是现代医学科学的一个重要组成分支，它主要研究精神障碍的病因、发病机理、病象和临床规律，以及预防、诊断、治疗和康复等有关问题。精神科医生一般会根据精神病学的知识理论，使用心理学、药物或者手术方法、对精神病患者进行矫治。

（二）心理咨询的适宜对象

常常有一些大学生会议论，他们说："我们为什么要上心理健康课？为什么要去心理咨询？我又没有病。"还有一些大学生谈"心"色变，避之不及。

其实，从咨询对象上来说，能接受心理咨询的人都是正常人，心理咨询的目的主要有两个方面：一方面是帮助一个人更好地成长，改正性格中的缺点，使其能应对将来生活中可能遇到的挫折，这是所谓的发展性的心理咨询；另一方面是帮助那些在实际生活中受一些不良的情绪感染，被不合理的观念和行为习惯困扰着的人，使其改善情绪，转变观念，形成新的行为习惯，从而在生活中更加自如，提升幸福感。当然，也有一些存在心理障碍（如焦虑症、抑郁症）的人在接受药物治疗的同时进行心理咨询，以收到好的治疗效果。

拿心理问题和身体疾病做一个对比，心理困扰和心理问题就相当于心灵感冒，比较常见。从这个角度说，寻求心理咨询的人，往往只是更关注自己内心感受的人，他们对自己的感受更敏锐，更希望获得幸福。

心理咨询的对象通常被称为来访者，是指前来向心理咨询师寻求帮助，有心理问题的人。适合接受心理咨询的人有主动求助的愿望，并且其认知、行为和情感等心理活动是基本正常的。那些患有严重的神经症、人格障碍或者精神病的人，是对自己的言行缺乏自制力的人，是要送到医疗机构进行医治的，不属于心理咨询的对象。

心理咨询并不适合所有人，适合心理咨询的人一般具有以下几个特征：

（1）身心基本健康。因为身体的疾病会影响咨询师对于其心理问题的判断，必须排除或了解了身体疾病以外的因素，再进行心理咨询。如果一个人身体患有严重疾病，身体的痛苦和疾病的煎熬也会影响其精神状态，未必能进行有效的沟通，这就会影响咨询的效果。所以，最好是先治疗好身体疾病，或病情好转后再进行心理咨询。

（2）来访者的心理问题是由社会因素引发的。诱发心理问题的原因比较复杂，如生活中发生了重大事件、个人的认知和观念偏差、学习生活中的情绪和压力、个性的异常等，都可能引发心理问题。一般来讲，这些由社会因素所导致的心理问题是适合接受心理咨询的。如某同学在母亲去世半年后，仍然整天处在情绪抑郁状态中，无法自拔；又如有一位大四的男同学，临近毕业时，毕业论文没有通过，女朋友又和他提出了分手，最后他选择自杀结束自己的生命；还有一些存在一定人格偏差的人，如果他们能够及时地求助心理咨询，或许就可以避免许多痛苦和悲剧。

（3）来访者必须有求治的愿望和动机。这一点是非常重要的，只有这样，咨询师和来访者双方才能好好配合，获得好的咨询效果。现实中，往往有一些学生不是自愿而来的。他们有的是老师、父母眼中的"问题少年"，被逼来到咨询室；有的虽然有一定的心理问题，但本人并不感到痛苦，没有求治的愿望和动机。这两类人在咨询中很难主动配合咨询师，在咨询的过程中消极应付，这样的咨询效果一定是差的。

总的来说，那些身体基本健康、有求治愿望和动机、由社会因素引起心理问题的来访者，才是真正适合心理咨询的来访者。

（三）心理咨询的原则

心理咨询是一项特殊的工作，要求咨询师严格遵守职业道德基本原则。有学者认为，心理咨询师在工作中必须坚守以下原则：

（1）接纳原则。咨询师要无条件地接纳来访者，无论来访者有何种心理问题，言行表现如何，咨询师都要热情、得体地接纳。优秀的心理咨询师会在初次见面时，努力营造一种安全、放松的咨询氛围，让忐忑不安的来访者消除顾虑和拘谨，建立相互信任的咨访关系。

（2）尊重原则。尊重原则指心理咨询师要尊重来访者的思想、观念、价值观、信仰，保护来访者的自尊。现实生活中，不少来访者常会为自己一些奇怪的念头和行为感到羞耻，也会被别人用异样的眼神来看待，但是在心理咨询过程中，绝不会受到这样的对待，心理咨询师会尊重他们，帮助他们摆脱思想上的负担，让他们能在咨询室里畅所欲言，倾诉心中的苦闷。

（3）保密原则。“老师，我今天跟你说的话，你不会告诉别人吧？”这是一些同学的疑问。在心理咨询中，来访者的个人信息及咨询师和来访者的谈话内容都是要受到严格保密的。通常情况下，除心理咨询师和来访者本人外，任何人不得干涉和获知心理会谈的内容，这是心理咨询师职业伦理和职业规范的重要内容，在这方面，心理咨询师会严格遵守。然而必须说明的是，在一些极端的情况下，如来访者流露出明确的想要伤害自己或者他人、损毁公共财物的念头的时候，保密可能会在一定的限度内被打破，这称为保密例外。为了保证来访者和他人的生命安全，需要将特殊情况通知学生的班主任、辅导员老师、校领导、家长等能够为来访者提供切实保护的人，而对于其他并不与此直接相关的人，仍然会采取严格保密的措施。即便在极端情况下，需要打破保密限制，咨询师通常也会事先和来访者进行沟通，不会单方面作出决定。

（4）教育发展原则。心理咨询过程中，咨询师不仅会帮助来访者解决当前的问题，还会着眼于来访者的未来发展，在解决问题的过程中，帮助来访者成长，提高其心理品质和心理能量。比如，有一位大四的男生，与女朋友分手半年后，仍然无法忘却这段恋情，常常陷入痛苦、低落的情绪中，经过四次的心理咨询，他宣泄了自己内心的苦闷，明白了爱情是一种亲密关系的建立，发现了自己在过去那段恋爱中的收获与成长，重新走进阳光的生活里。

（5）情感中立原则。心理咨询要求心理咨询师不能把个人情感加在来访者身上，不能对来访者讲述的事情有情感倾向，不能利用咨询之便与来访者建立情感关系。所以，在咨询过程中，来访者可以放心地讲述自己的故事，咨询师会尽量减少自己的个人情感评判。

（6）时间限定原则。心理咨询的时间是需要严格控制的。一般来说，每次心理咨询的时间控制在60分钟以内，保证咨询师有充沛的精力从事咨询工作，促使来访者珍惜时间，提高咨询效率。学校的心理咨询中心，虽然不对学生收费，但咨询师的资源是有限的，为了确保咨询效果，为了对来访者负责，大学生在学校心理中心咨询时，同样也需要严格遵守时间限定的原则。

第六章　大学生职业生涯规划

第一节　大学生职业生涯规划概述

一、职业概述

（一）职业的内涵

职业是为获取生计和发展提供各种劳动，并借助所掌握的特殊的专门知识和技能，为社会或他人创造物质财富和精神财富，以换取相应的回报，维持个体各种物质和精神的生活活动。职业的一般要素是：

（1）职业名称。职业名称是职业的符号特征，用以区分不同的职业。

（2）职业主体。职业主体是指专业人士从事一项职业活动的人，具备从事该职业活动的资格和能力。

（3）职业客体。职业客体是职业主体在职业活动过程中认识和实践的对象。

（4）职业报酬。职业报酬是职业主体通过完成职业活动获取的相应报酬。

（5）职业技术。职业技术是进行职业活动所必需的自然技术、社会技术与思维技术。

（二）职业的特征

1．目的性

职业是个体谋生与实现自我价值的手段。人们以谋取一定报酬、获得一定生计，或实现自我价值、为社会作贡献、满足精神需求为目的进行的从事工作的现象。这些现象都体现了职业的目的性。

2．社会性

职业是人们在特定社会生活环境中所从事的一种与其他社会成员相互关联、相互服务的社会活动，是社会生产力发展和社会分工的结果。职业的社会个性体现在不同的职业，应承担不同的社会责任，而每种职业的从业人员都承担着不同的社会角色。

3．规范性

职业的规范性主要包含以下两层含义：一是职业操作的规范性，二是职业道德的规范性。每一项职业活动都有一定的技术含量或技术规范要求，人们在从事某一职业之前，一般要接受特定的专业知识教育，并进行专门的技能或者操作训练。同时，人们在进行各类职业活动时，还必须遵守相应的职业道德。这两种规范构成了职业规范性的内涵与外延。

4．群体性

职业的存在常常和一定数量的从业人员密切相关，凡是达不到一定从业人员数量的劳动，都不能被称为职业，因此职业具有群体性。该群体不仅表现为一定的从业人员数量，更表现为一定数量的从业人员在工作流程中所表现出来的协作关系，以及由此产生的人际关系。此外，从业人员由于处于同一工作场所，他们总会在语言、习惯、利益、目的等方面形成共同特征，从而使群体成员产生群体认同感。

5．多样性

随着经济社会的不断进步，社会职业分工越来越精细，职业类型越来越丰富，呈现多样化、复杂化的发展态势。

6．时代性

职业变迁是时代发展过程中的现象，随着社会不断发展，科技不断前进，很多与社会不相适应的职业将被新的职业所替代，同一职业的内容、内涵、方式等也会随之发生变化。

二、大学生职业生涯规划的含义

职业生涯规划是个人以职业为主导，结合优势及机遇、威胁与制约因素等，对职业的选择、适应、发展所进行的设计和规划。职业生涯规划提供了明确的职业目标，个人确定何时、何地、从事何种职业和做出何种学习、培训、工作发展的决策，并明确实现职业目标所需要付出的时间、计划及行动方案。职业生涯规划从其根本上讲是为实现选定的职业目标而进行的规划。简言之，就是指个人为自身的职业发展所作的策划和准备，使自己定位于最能发挥自己长处的位置，可以最大限度地实现自我价值。

三、大学生职业生涯规划的意义

对于大学生来说，职业生涯规划的意义主要体现在以下几个方面。

（一）职业生涯规划有利于大学生明确人生奋斗目标

卢梭曾说过："人生最大的悲哀莫过于所从事的事业选择错误，因为事业选择决定命运差异。"实现人生目标的动力来自职业目标，只要确立了职业目标，就能相信自己有能力用满腔的热情、劲头和实实在在的方法，去营造有利于实现职业目标的条件，人生就不会敷衍了事。

（二）职业生涯规划可以发掘大学生自我潜能，增强个人实力

一份行之有效的职业生涯规划将会引导大学生正确认识自身的个性特质、现有与潜在的资源优势，帮助大学生重新对自己的价值进行定位并使其持续增值；引导大学生对自己的综合优势与劣势进行对比分析；使大学生树立明确的职业发展目标与职业理想；引导大学生评估个人目标与现实之间的差距；引导大学生瞄准前瞻与实际相结合的职业定位，搜索或发现新的或有潜力的职业机会；使大学生学会如何运用科学的方法采取可行的步骤与措施，不断增强大学生的职业竞争力，实现自己的职业目标与理想。

（三）职业生涯规划可以增强大学生发展的目的性与计划性，提升成功的机会

生涯发展要有计划、有目的，不可盲目地"撞大运"，很多时候职业生涯受挫就是由于规划没有做好。好的计划是成功的开始，古语讲，凡事"预则立，不预则废"就是这个道理。

（四）职业生涯规划可以提升大学生应对竞争的能力

当今社会处在变革的时代，到处充满着激烈的竞争。物竞天择，适者生存。职业活动的竞争非常突出，想要在这场激烈的竞争中脱颖而出并保持不败之地，必须设计好自己的职业生涯规划，这样才能做到心中有数，不打无准备之仗。不少应届大学毕业生不是首先坐下来做好自己的职业生涯规划，而是拿着简历与求职书到处乱跑，总想会撞运气找到好工作，结果浪费了大量的时间、精力与资金，到头来却感叹招聘单位不能"慧眼识英雄"，叹息自己英雄无用武之地。这部分大学毕业生没有充分认知到职业生涯规划的意义与重要性，认为找到理想的工作靠的是学识、业绩、耐心、关系、口才等条件，认为职业生涯规划纯属纸上谈兵，耽误时间。这是一种错误的理念，实际上未雨绸缪，先做好职业生涯规划，磨刀不误砍柴工，有了清晰的认识与明确的目标之后再把求职活动付诸实践，这样效果好得多，也更经济、更科学。

（五）职业生涯规划有助于全面提高大学生的综合素质

现在的用人单位在选人用人时，出现一个普遍的现象，将一个人的综合素质与专业知识放在同等重要的位置上，有的甚至高过专业知识的要求。这些综合素质包括团

队意识和奉献精神、自主学习和创新能力等。职业生涯规划有利于从宏观上引导个人的发展，让大学生认识到自身的不足，并有意识地查漏补缺，增强自己的综合素质，起到内在的激励作用，使大学生产生学习、实践的动力，激发自己不断为实现各阶段目标和终极目标而进取，实现综合素质的提升。

（六）职业生涯规划有助于大学生成功就业

大学毕业生数量年年攀升，就业形势不容乐观。人数的增多带来了巨大的竞争压力，从就业的角度出发，要求大学生必须通过合理的生涯规划，做到有备无患，在巨大的就业压力中找到自己的位置。

四、大学生职业生涯规划的基本原则

案例赏析

三个人的选择

有三个人被判关进监狱三年，监狱长许诺满足每个人一个要求。美国人爱抽雪茄，要了三箱；法国人最浪漫，要一个美丽的女子相伴；而犹太人要了一部与外界沟通的电话。

三年后，第一个冲出来的是美国人，嘴里鼻孔里塞满了雪茄，大喊道：“给我火，给我火！”原来他忘记要打火机。

接着出来的是法国人。只见他手里抱着一个小孩，美丽的女子手里牵着一个小孩，肚子里还怀着第三个。

最后出来的是犹太人，他紧紧握住监狱长的手说：“这三年来我每天与外界联系，我的生意不但没有停顿，反而增长了200%，为了表示感谢，我送你一辆劳斯莱斯！”

选择决定未来，有什么样的选择就有什么样的未来。今天的状况是昨天选择的结果，而未来的状况取决于现在的选择。大学生如果能在毕业之前就做好自己的职业定位，并制定目标，不断积累职业能力，就可以在迈入职场大门的时候获得优势。

职业生涯规划的制订，必须能够根据规划的内容按照进度逐步实施，因此在设计职业生涯规划的时候，各项阶段性的目标和工作应有明确的时间限制或标准，这样才能考量规划的执行状况，并且根据当前完成情况，评估职业生涯规划的发展进展，作为下次修订或制订新规划时的参考依据。若没有相应的要求和时间限制，无法起到引导和激励的作用，造成行动上的拖延，并因缺少必要信息、前期准备不足而影响进度，最终无法实现职业生涯目标。

要做出合理的职业生涯规划，必须从个人发展需要出发，在正确认识自身的专业、兴趣、爱好、特长等条件以及相关环境、机遇的基础上，尽早确定自己未来发展方向。大学是培养专业人才的重要基地，职业生涯规划应该从跨入大学校门开始，确立自己的未来职业发展目标。在学生确立职业生涯规划时，应遵循以下基本原则。

（一）职业生涯规划必须与未来的社会需求相结合

职业的选择需要符合社会的需求，才能在社会活动中找到自己的位置，如果脱离社会需求，必然难以被社会接纳。大学生的职业生涯规划，要充分了解和把握社会对人才的需求，以社会需求作为出发点和归宿。这样的职业生涯规划才具有可行性，才能将规划变为现实。

（二）职业生涯规划必须与所学专业相结合

每一个大学生踏入大学校园都选择了自己的专业，选择的专业可能出于对自己兴趣爱好的分析，或者对未来职业的期望。不同专业有不同的培养目标和就业方向，经过大学阶段的学习，大学生将能掌握某一专业领域的知识和技能，这是每一个人的优势所在。而且，用人单位在招聘过程中，首先会对招聘岗位提出相关的专业要求。因此，大学生在进行职业生涯规划时，应以所学专业为出发点。否则，如果选择的职业并非自己专业相关的，就无法充分发挥自己在专业方面的优势，而且在参加工作后要重新“补课”，在工作中将面临更大的压力，为自己的生活增添了无形的负担，这对个人职业发展是极为不利的。

（三）职业生涯规划必须与提高综合能力相结合

知识经济时代是崇尚创新、充满创造力的时代，当代的大学生应养成推陈出新、追求创意和以创新为荣的意识，仅仅具备专业的基础知识是远远不够的，还要有广阔的视野以及开创新领域的能力；树立终身学习的思想观念，不断更新自己的知识结构，有针对性地“充电”，以适应瞬息万变的形势，跟上时代发展潮流；应注重个性发展，要用知识探索未知，解决问题，创造机会与财富，成为社会的强者。在此过程中，还应承认个人智慧具有局限性，懂得自我封闭的危险性及团结协作的重要性，才能以合作伙伴的优势弥补自身的缺陷，增强自身力量，在各种人际环境中有良好的沟通能力，与他人友好合作，才能更好地应对知识经济时代的各种挑战。

（四）职业生涯规划必须与增强身心健康相结合

千变万化的时代要求大学生不仅要具备专业知识和技能，更要有健康的体魄和良好的心理素质。古希腊哲学家赫拉克利特曾说："如果没有健康，智慧就难以实现，文化无从施展，力量不能战斗，财富变成废物，知识也无法利用。"在人生选择与实践过程中，应增强个人承受挫折的能力，锻炼管理情绪的能力，在生活的磨炼与体验中，坚持正确的人生态度，勇于面对困难和挫折。

第二节　大学生职业生涯规划理论

一、萨珀的职业生涯五阶段论

从人的终身发展这一角度出发，美国职业学家萨珀将人的职业生涯发展分为 5 个大的阶段：成长、探索、建立、维持、衰退。在不同的生命周期，职业生涯规划处于不同的阶段，每个阶段的规划内容和重点也有所区别，但在各自阶段的职业生涯规划又是连续的、互相影响的，从而形成贯穿人生发展始终的完整的职业生涯规划过程。

（一）成长阶段

成长阶段为 14 岁以前。在该阶段，孩童开始发展自我概念，他们以各种不同的方式来表达自己的需要，且经过对现实世界的不断尝试，修饰自己的角色。这个阶段发展的任务是：发展自我形象；发展对工作世界的正确态度，并了解工作的意义。这阶段共包括三个时期，一是幻想期（4 ～ 10 岁），以"需要"为主要考虑因素；二是兴趣期（11 ～ 12 岁），以"喜好"为主要考虑因素；三是能力期（13 ～ 14 岁），以"能力"为主要考虑因素。

（二）探索阶段

15 ～ 24 岁为探索阶段，该阶段的青少年通过参加学校或社团的活动、兼职工作等机会，探索自我能力及角色，了解职业环境，在选择职业时有较大弹性。这个阶段发展的任务是：使职业偏好逐渐具体化，特定化并实现职业偏好。该阶段共包括三个时期，一是试探期（15 ～ 17 岁），考虑需要、兴趣、能力及机会，做暂时的决定，并在幻想、讨论、课业及工作中加以尝试；二是过渡期（18~21 岁），进入就业市场或专业训练，更重视现实并力图实现自我观念，将一般性的选择转为特定的选择；三是试验并稍做承诺期（22 ～ 24 岁），生涯初步确定并试验其成为长期职业生涯的可能性，若不适合则可能再经历上述各时期以确定方向。

（三）建立阶段

25 ～ 44 岁为建立阶段，由于经过上一阶段的尝试，会谋求变迁或作其他探索，因此该阶段较能确定在整个事业生涯中属于自己的“位子”，并在 31 ～ 40 岁，开始考虑如何保住这个“位子”并固定下来。这个阶段发展的任务是统整、稳固并求上进，共包括两个时期，一是试验承诺稳定期（25 ～ 30 岁），个体寻求安定，也可能因生活或工作上若干变动而尚未感到满意；二是建立期（31 ～ 44 岁），个体致力于工作上的稳固，大部分人处于最具创意时期，由于资深往往业绩优良。

（四）维持阶段

45 ～ 65 岁是维持阶段，个体仍希望继续维持属于他的工作“位子”，同时会面对新的挑战。这一阶段发展的任务是维持既有成就与地位。

（五）衰退阶段

65 岁以后为衰退阶段，由于生理及心理机能日渐衰退，个体不得不面对现实。这一阶段往往寻求不同方式以替代和满足需求。

表 6-1 所示是根据该理论整理的大学生面临的生涯发展的阶段与任务。

表 6-1　大学生面临的生涯发展的阶段与任务

职业生涯发展阶段	角色	主要任务	重大心理议题
职业准备期	大学低年级	发展发现个人的价值兴趣和能力，为从事某一职业打下知识储备的基础	适应大学生活，有意识地培养、积累职业素养
职业探索期	大学中、高年级	分析自己与环境中的优势、劣势，对自己的发展方向进行明确的定位和规划，并为未来的发展做好知识与实践的准备	理性地进行个人分析，把握自己的发展方向
职业选择期	面临毕业的学生	在充分做好自我分析和环境分析的基础上，选择适合的职业，设定人生目标	承担个人选择的责任
职业进入期	初涉职场的新人工作的第 1 年	在新的环境中调节自己，初步建立的人际关系，掌握工作方法和工作流程，积累工作经验	学会独立，正面面对组织和现实真相所带来的震撼，克服不安感
职业适应期	工作的前 8 年	学会做事，成为岗位中的行家里手；学会共事，学会与人相处，树立个人形象，创造良好的工作氛围；学会求知；学会生存；学会如何被同事、环境所接受	根据新的知识和组织所需要的能力，根据自己的发展潜能，重新评估自己的职业生涯规划，接受个人成败、勇于承担个人责任，建立稳定的生活形态

续表

职业生涯发展阶段	角色	主要任务	重大心理议题
职业稳定期	职业生涯中时间最长、劳动效果最好、发展和成就事业最宝贵的时期	根据形势的变化和自身条件不断修订事业的目标，攀登新的高度	学会为别人承担责任，从别人的成就中感到满足，培养下一代，关切组织的利益，平衡工作和家庭的关系
职业衰退期	作为退休人员，享受事业的收获与人生	适应生活标准与节奏的变化，找出表现个人天赋与兴趣的新途径	对个人发展的新途径保持开放程度

二、霍兰德人格——职业匹配理论

美国心理学教授霍兰德认为，人的人格类型、兴趣与职业密切相关。人格类型与职业兴趣高度相关，职业兴趣则能够促使人们积极地、愉快地从事某类职业。霍兰德把人格分为六种类型：实际型（R）、研究型（I）、艺术型（A）、社会型（S）、企业型（E）和传统型（C）。每一种人格类型，都与特定的职业类型相对应。简言之，具有相同人格类型的劳动者，对同一类型的职业更感兴趣。不同人格类型的人所适宜的职业环境，如表 6-2 所示。

表 6-2　兴趣类型的特点及其较为适宜的职业环境

类型	劳动者特点	职业
实际型（R）	具有技术与运动取向：①对机械与物体有较强烈的好奇心，愿意使用工具从事操作性工作；②身体技能及机械协调能力好，动手能力强，手脚灵活，动作协调；③不善言辞，对于人际交往及人员管理、监督等活动不太感兴趣；④稳健、务实，喜欢从事规则明确的活动及技术性工作，甚至热衷于亲自动手创造新事物	各类工程技术工作、农业工作。通常需要一定体力，需要运用工具或操作机器。主要职业：工程师，技术员；机械操作、维修、安装的工人，矿工，木工，电工，鞋匠等；司机，测绘、描图人员；农民，牧民，渔民等
研究型（I）	喜欢理论思维，偏爱数理统计工作：①抽象思维能力强，求知欲强，倾向于通过思考、分析解决难题，不愿自己动手；②喜欢独立的、挑战性的和富有创造性的工作，不太喜欢固定程式的任务；③知识渊博，有学识才能，不善于领导他人和人际交往	科学研究和科学实验工作。主要职业：自然科学和社会科学方面的研究人员，专家；化学、冶金、电子、无线电、电视、飞机等方面的工程师和技术人员；飞机驾驶员，计算机操作员等

续表

类型	劳动者特点	职业
艺术型（A）	对具有创造、想象及自我表现空间的工作显示出明显偏好：①喜欢以各种艺术形式的创作来表现自己的才能，实现自身的价值；②具有特殊艺术才能和个性；③乐于创造新颖的、与众不同的艺术成果，渴望表现自己的个性，直觉力较好，情绪变化较大；④比较喜欢独立行事，不太合群；⑤对于结构化程度较高的任务及环境都不太喜欢，对于机械性及程式化的工作了无兴趣	各类艺术创作工作。主要职业：音乐、舞蹈、戏剧等方面的演员、编导、教师；文学、艺术方面的评论员；广播节目的主持人、编辑；画家，书法家，摄影家；艺术、家具、珠宝、房屋装饰等行业的设计师等
社会型（S）	喜欢以人为对象的工作：①通常言语能力优于数理能力，善于言谈，乐于与人相处，给人提供帮助，具有人道主义倾向，责任心也较强，喜欢从事为他人服务和教育、指导他人的工作；②习惯于与人商讨或调整人际关系来解决面临的问题，喜欢参与解决人们共同关心的社会问题，渴望发挥自己的社会作用；③比较看重社会义务和社会道德	各种直接为他人服务的工作，如医疗服务、教育服务、生活服务方面的职业等。主要职业：教师、保育员、行政人员；医护人员；衣食住行服务行业的经理、管理人员和服务人员；福利人员等
企业型（E）	喜欢制订新的工作计划、事业规划以及设立新的组织：①精力充沛、自信、善交际，具有领导才能；②支配欲、冒险性强，喜欢竞争；③喜爱权力、地位和物质财富；④不喜欢具体精细，或需要长时间集中心智的工作	组织与影响他人共同完成组织目标的工作。主要职业：经理、企业家、政府官员、商人、行业部门和单位的领导者、管理者等
传统型（C）	喜欢高度有序、要求明晰的工作：①喜欢按计划办事，习惯接受他人指挥和领导，自己不谋求领导职务；②不喜欢冒险和竞争；对社会地位、社会评价比较在意，通常愿意在大型机构做一般性工作；③工作踏实、有毅力，忠诚可靠，遵守纪律，偏保守，与人工作中的交往会保持一定的距离	与文件档案、图书资料、统计报表之类相关的各类科室工作。主要职业：会计、出纳、统计人员；打字员，办公室人员，秘书和文书；图书管理员；旅游、外贸职员；保管员；邮递员；审计人员

考虑到人格的相似性及职业的相容性，霍兰德将六种人格类型放在一个正六角形的每角，形成了霍兰德六角模型，如图 6–1 所示。其中，相邻人格之间的共同点较多，相隔人格之间的共同点较少，相对人格之间的共同点最少。现实生活中，受各种条件限制，并非每个人都能选择与自身人格最为匹配的职业。在这种情况下，可以选择与自身人格相隔的人格所相匹配的职业，但应尽量避开与自身人格相对的人格相匹配的职业。

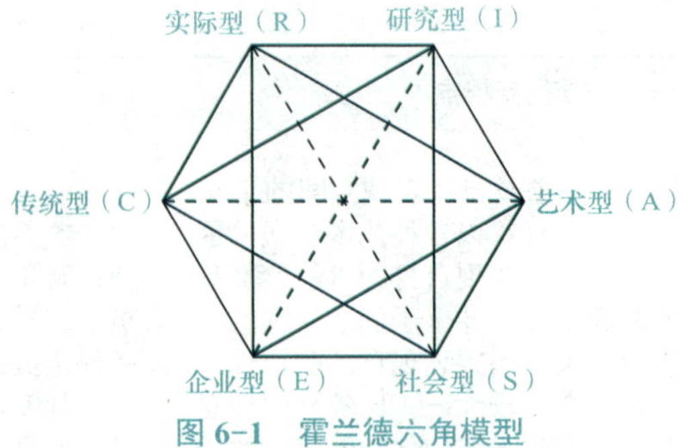

图 6-1　霍兰德六角模型

三、帕森斯的特质因素理论

帕森斯的特质因素理论又称帕森斯的人职匹配理论，由弗兰克·帕森斯教授提出，是用于职业选择的经典指导性理论。该理论中的“特质”是指个人的人格特征，包括能力倾向、兴趣、价值观和人格等，这些都可以通过心理测量工具来加以衡量；“因素”则是指在工作上取得成功所必备的条件或资格，这些可以通过对工作的分析来了解。帕森斯认为，每个人都有自己独特的特质模式，每种特质模式的人都有与其相适应的职业类型。一个人的特质与职业的因素越匹配，其职业成功的可能性就越大。

根据特质因素理论，选择职业的步骤如下：

（1）从特质方面着手，了解并评价个人的生理和心理特点。

（2）从因素方面着手，分析各种职业对人的不同要求。

（3）人职匹配。在了解个人特质和职业要求后，选择一个既符合个人特质，又可能获得并取得成功的职业。

四、沙因的职业锚理论

职业锚理论是由著名就业指导专家埃德加·沙因教授提出的。沙因认为，职业生涯规划是一个持续不断的探索过程，随着一个人对自己越来越了解，这个人就会越来越明显地形成一个占主要地位的职业锚。所谓的职业锚就是选择和发展职业时所围绕的中心要素。

职业锚可以分为以下种类型。

（一）技术 / 职能型

拥有这种职业锚的人追求在技术或职能领域的成长和技能的不断提高，以及应用这种技术或职能的机会。他们喜欢面对来自专业领域的挑战，但不喜欢从事一般的管理工作，因为这意味着他们将放弃在技术或职能领域的成就。

（二）管理型

拥有这种职业锚的人追求并致力于工作晋升，倾心于全面管理。他们愿意去承担整个部门或企业的责任，并将企业的稳定发展作为自己的职责。

（三）自主型

拥有这种职业锚的人希望能够随心所欲安排自己的工作和生活。他们追求能施展个人能力的工作环境，最大限度地摆脱组织的限制和制约，有时宁愿放弃晋升机会，也不愿意放弃自由与独立。

（四）安全 / 稳定型

拥有这种职业锚的人追求工作中的安全与稳定感，不关心具体的职位和工作内容。他们喜欢有保障的工作、体面的收入及可靠的未来生活。

（五）创业型

拥有这种职业锚的人具有冒险精神，希望能够依靠自己的能力去创建属于自己的企业或自己独创的产品、服务等。他们可能正在别人的企业工作，但同时也在不断评估将来的机会，一旦抓住机会，他们便会走出去创建自己的事业。

（六）服务型

拥有这种职业锚的人一直追求他们认可的核心价值，如帮助他人、改善社会环境等。他们不会接受不能实现自己价值的职业，即使面对高薪和高职位的诱惑也不动心。

（七）挑战型

拥有这种职业锚的人喜欢解决难题、战胜强硬的对手、克服困难障碍等。对他们而言，选择某种职业的原因是该职业为他们提供了战胜各种不可能的机会。

（八）生活型

拥有这种职业锚的人希望能够在职业与个人生活、家庭生活之间取得平衡。正因为如此，他们需要一个具有足够弹性的工作环境。

第三节　大学生职业生涯规划的实施

大学生生涯规划实施主要包括自我评估、职业生涯目标的确立、职业评估、未来职业定位、职业规划方案制订。

一、自我评估

一个有效的生涯设计必须是在充分且正确认识自身条件的基础上进行的。自我评估是大学生生涯规划的重要组成部分，可以帮助个人了解自我和未来生涯发展的关系。自我评估包括对兴趣、能力、价值观、人格等方面的评估。

（一）兴趣

兴趣是人认识某种事物或从事某种活动的心理倾向，它以认识和探索外界事物的需要为基础，是推动人认识事物、探索真理的重要动机。当个人对某事物有兴趣时，会对它产生特别的注意力，对该事物感知敏锐、记忆牢固、思维活跃、情感浓厚、意志坚强。兴趣是人们活动的重要动力之一。许多大学生在选择大学专业的时候，并不完全是以自己的兴趣为出发点，可能是听从父母的选择，或者是在选择过程中对学校专业理解存在偏差，又或者是出于其他因素的考虑。但是如果能在大学期间发掘出自己真正感兴趣的领域，发掘出自己的职业兴趣，那么就会更加明确自己的大学生涯目标，更快确定自己的职业方向。

职业兴趣是指个人对某种职业活动具有相对持续稳定的心理倾向，以及因此产生的人们优先选择从事某种工作以及内心产生期待的感受。由于爱好不同，职业兴趣也有所不同，有的人喜欢从事实际技能性的工作，如室内修缮、园艺工程、美容美发、装配技师等；有些人喜欢从事抽象创造性工作，如经济分析、新产品设计、社会调查统计、实验试验等。适合从事何种职业、偏向发展于何种领域，通常会受职业兴趣的影响。

职业兴趣是以一定的素质为前提，在生涯实践过程中逐渐发生和发展起来的。它的形成与个人的个性、自身能力、实践活动、客观环境和所处的历史条件有着密切的关系，因此职业规划对兴趣的探讨不能孤立进行，应当结合个人认识和情感、家庭环境、社会因素等来考虑。了解这些因素，能帮助我们更加深入地认识自己，进行职业规划；也可以通过测试的方式了解自己的职业兴趣，如目前世界上应用最广泛的霍兰德职业兴趣测验。

（二）能力

能力是完成工作任务的潜在素质，是指为实现某一目的进行各种思维与体力活动的能力。一般说来，能力可分为一般能力和特殊能力；一般能力又称智能力，包括注意力、观察力、记忆力、思维力、想象力等；特殊能力是指进行某一特定活动而需要的能力，也称为才能或技能，如逻辑推理能力、算术能力、音乐能力、语言表达能力、动作协调能力、空间判断能力等。任何工作都需要工作者具有某些特殊能力。

职业能力是从业人员在特定职业过程中所必须具有的技能。职业能力会影响一个人对特定职业是否感兴趣，而在一个职业中能否做得好、做得出色，则会受到职业能力的影响。只有具备了职业能力，一个人才能够干好一份工作。因此，了解职业能力，有助于大学生在大学阶段着重培养相应的能力。

（三）价值观

价值观是人认定事物、辨定是非的一种思维或取向，体现在一个人对周围的客观事物（包括人、事、物）的意义、重要性的总评价和总看法。一个人的价值观决定其为人处世的方式、思维方式和兴趣取向。刚入校的大学生一般思想比较单纯，还未形成稳定的价值观。因此，选择性接受某些核心的价值观，有助于走好未来的人生之路。了解自己的价值观才能清楚自己应该以什么方式学习生活。

职业价值观从侧面反映了价值观的职场化，描述了一个人从事职业的对错信仰与态度，反映了职业内在的价值意义和要求，指引着一个人在职业发展中的追求和行为。理想、信念、世界观对人的职业生涯的影响，主要表现在职业价值观上。不同人有不同的理想、信念、世界观，则就会对应有不同的职业价值取向，从而形成对某一种职业的认可和否定。

美国心理学家洛特克在其所著《人类价值观的本质》一书中，提出 13 种价值观：成就感、审美追求、挑战、健康、收入与财富、独立性、爱、家庭与人际关系、道德感、欢乐、权利、安全感、自我成长和社会交往。我国学者阚雅玲则将职业价值观分为以下 12 类。

（1）收入与财富。工作能够明显有效地改变自己的财务状况，将薪酬作为选择工作的重要依据。工作的目的或动力主要来源于对收入和财富的追求，并以此提高生活质量，显示自己的身份和地位。

（2）兴趣特长。以自己的兴趣和特长作为选择职业最重要的因素，能够扬长避短、趋利避害、择我所爱、爱我所选，可以从工作中得到乐趣，得到成就感。在很多时候，会拒绝做自己不喜欢、不擅长的工作。

（3）权力地位。有较高的权力欲望，希望能够影响或控制他人，使他人照着自己的意思去行动；认为有较高的权力地位会受到他人尊重，从中可以得到较强的成就感和满足感。

（4）自由独立。在工作中能有弹性，不想受太多的约束，可以充分掌握自己的时间和行动，自由度高，不想与太多人发生工作关系，既不想治人也不想治于人。

（5）自我成长。工作能够给予受培训和锻炼的机会，使自己的经验与阅历能够在一定的时间内得以丰富和提高。

（6）自我实现。工作能够提供平台和机会，使自己的专业知识和能力得以全面运用和施展，实现自身价值。

（7）人际关系。将工作单位的人际关系看得非常重要，渴望能够在一个和谐、友好甚至被关爱的环境中工作。

（8）身心健康。工作能够免于危险、过度劳累，免于焦虑、紧张和恐惧，使自己的身心健康不受影响。

（9）环境舒适。工作环境舒适宜人。

（10）工作稳定。工作相对稳定，不必担心经常出现裁员和被辞退现象，免于经常奔波找工作。

（11）社会需要。能够根据组织和社会的需要响应某一号召，为集体和社会作出贡献。

（12）追求新意。希望工作的内容经常变换，使工作和生活丰富多彩，不单调枯燥。

（四）人格

人格主要是指人所具有的与他人相区别的独特而稳定的思维方式和行为风格。在心理学中，还经常运用“个性”一词表达人格的概念。我国的《大百科全书心理学》中就有人格即个性的提法。传统的职业生涯设计方法主要是围绕能力、兴趣、价值观来展开的，并引申为职业兴趣、职业能力和职业价值观。职业能力、职业兴趣、职业价值观都可能随着时间、阅历、知识、技能、环境的变化而变化，但人格是比较稳定的。人格对人的一生发展会起到非常重要的作用。霍兰德认为，了解自己的人格特征有助于让自己确定职业发展方向。不同人格类型的人适合的职业类型差异很大。同样的工作，对一个人格类型的人来说可能如鱼得水，而对另外一个人格类型的人可能索然无味。

自我评估是建立在自我观察与自我分析基础上的自我身心素质的全面评估。自我评价的具体方法主要包括自省、听取他人评价、接受他人意见或进行心理测试等。不论采用何种方法，都要注意相互之间参照与综合，要客观地评价自己，既不高估自己，也不贬低自己；要认识自己的优势、劣势，认识自己的与众不同和发展潜力，这样才能做出准确全面的自我评价，从而选择适合自己的职业。

二、职业生涯目标的确立

学业或事业的成功，很大程度上取决于有无正确适当的目标。目标对人生有巨大的导向作用。有了目标，人才会坚定、勤勉、不畏艰险，促使自己努力实践；有了目标，人的生命才能在有限的时空里，最大限度地释放能量。成功者必定是目标意识强者，没有目标如同驶入大海的孤舟，四野茫茫，没有方向，不知道自己走向何方。

一个人在规划自己的职业目标时应包括短、中、长期三个不同阶段的目标。短期目标是一些具体的、操作层面的、为实现中、长期目标而采取的步骤。短期目标要切合实际，明确完成时间，目标内容越具体越具有可操作性。中期目标从某种意义上来说，是许多短期目标完成的结果，又为实现长期目标打下基础。中期目标有比较具体的完成时间，也可以根据情况进行适当调整。长期目标是经过思考后认真选择的，符合个人价值观，与个人的未来发展相结合的愿望。长期目标有实现的可能性，又具有挑战性。作为大学生来说，首先应该规划的是短期目标，也就是在大学阶段如何为将来的职业发展打下基础，让自己具备什么样的能力。

职业生涯目标按照性质，可以分解为外职生涯目标和内职生涯目标。外职生涯目标包括工作内容目标、职务目标、工作环境目标、经济目标等；内职生涯目标则侧重于在职业生涯过程中的知识和经验的积累、观念和能力的提高以及内心的感受，主要包括观念目标、工作能力目标、工作成果目标、提高心理素质目标、掌握新知识目标、处理与其他人生目标活动关系的目标等。

根据美国著名职业生涯管理专家萨珀的生活生涯发展理论，我国大多数大学生一直在学校求学，正处于生涯发展的探索阶段和学习奠基阶段。他们在专业学习、社会实践、勤工助学和社会兼职中尝试不同的职业角色，认识不同的社会职业，不断修正职业期望值；根据个人的兴趣、需求、能力、价值和就业机会等因素，作暂时性的选择和实验性的尝试，使职业偏好具体化，并且在收集和分析相关职业资讯的基础上正式进入就业市场，由一般性的选择转变为特定职业目标的选择，正式选定与自我适合的职业，把它作为自己的主要职业发展方向。

大学生生涯规划的主要目标是：发展和完善自我概念，了解、接受和发展自我，认识自己的个人特质、个人期望和抱负，认识生涯发展资料，澄清个人价值观，建立和完善个人适切的价值观念；准确觉察自己所偏好的生活形态和工作价值观；培养生涯决策技巧，在面对各种决定的情境时，能准确界定问题，并运用各种资讯科学分析相互间的利弊得失，力求作出最适当的决定；通过规划和选择，找出最适合自己的、与自己的生涯目标匹配的生涯路径，同时熟悉生涯决定的历程；统整自身特质、潜在生涯选项和工作世界，并拟定达到目标的计划与策略；形成面对社会变迁、科技不断发展的适应能力和应变能力。

三、职业评估

自我评估，主要是让大学生了解自己；职业评估，主要是让大学生了解职业。两者的目的其实是一样的，都是为了使大学生更清楚自己与职业之间的差距，从而达到理智规划成长路线的目的。

自我评估是对个体特征主观的评估，而职业评估则是分析所处的客观环境因素对职业发展的影响。职业评估是全方位的分析，包括对职业环境、社会的整体就业形势、专业的就业圈、行业的环境、企业的环境等。认真分析就业环境有助于大学生深入了解当前的客观就业环境和形势，了解就业市场的需求，然后有针对性地学习，为毕业后的就业作好充分的准备，避免闭门造车。同时，大学生必须根据就业形势来制订自己的职业生涯规划，并根据自己对就业形势认识的深入和就业形势的变化作适当的调整。

环境评估包括对社会环境的评估和对职业环境的评估。环境因素对个人成长与发展起到了很重要的作用，它为每个人提供了活动空间、发展条件和成功的机遇。要想在职业生涯中取得成功，就必须要对所处的环境有全面的分析和把握，如环境带给我们的机遇是什么，自身想要实现职业目标面临的挑战是什么，环境中自身能利用到的是什么，有什么是需要我们在职业发展中尽力去规避的。具体地说，通过各种有效途径了解和认识政治、经济、社会、文化、教育等社会环境，而且探索各种不同职业的特性或工作内涵，不同企业对人才的需求状况，分析自身的优劣势，结合用人单位对大学生专业基础、实践操作、团队协作等能力的要求，得出环境对自身发展的最新要求。只有通过环境评估、结合评估结果进行的职业生涯规划才具有科学意义，否则是脱离现实，没有依据。

四、未来职业定位

案例赏析

千里马的悲惨命运

农家意外得一匹千里马，初时全家欣喜，视为珍宝，给予特殊待遇。然而，随着时间的推移，夫妇俩开始为如何利用这匹宝马而犯愁。男主人尝试让千里马耕地，却发现它根本不适应农具，四蹄乱踏，险些失控。无奈之下，男主人只得放弃，并逐渐减少对千里马的好草好料，使其体态和精神状态大不如前。

为了驯服千里马，男主人采取了严厉的手段，用鞭子狠抽，终于使其屈服，开始了农家普通的生活。千里马被迫习惯了耕地、拉车、拉磨等繁重的农活，每天按照主人的吩咐劳作。然而，它的内心却充满了无奈和悲哀，失去了往日的神采。

一日，男主人带着儿子去县城赶集，不料途中遭遇意外，儿子不幸摔伤。男主人心急如焚，急忙骑上千里马去寻找大夫。然而，此时的千里马已经忘记了驰骋的感觉，在男主人的鞭打下，也只是勉强快跑几步，然后又慢了下来。等他们找到大夫时，儿子已经离世。

男主人悲痛欲绝，他抱着儿子的尸体回到家中，心中的愤怒和悲痛难以平息。他转身走进厨房，拎起一把菜刀，直奔马圈而去。千里马正低头吃着草料，看到男主人走来，还以为主人会给它加料，却没想到迎来的却是致命的一刀，这匹千里马的命运就此终结。

职业定位，就是清晰地明确一个人在职业上的发展方向，它是人在整个生涯发展历程中的战略性问题，也是根本性问题。职业定位有三层含义：一是确定自己是谁，适合做什么工作；二是告诉别人自己是谁，擅长做什么工作。三是根据自己的爱好、特长、能力以及个性将自己放在一个合适的工作（生活）岗位上。不同的职业定位就会有不同的专业选择及职业选择。由于缺乏职业生涯教育，很多大学生会感觉迷惘，不知道自己该做什么，因此在校学习期间也就不清楚自己该学些什么，对学习的目标不明确，也就谈不上怎样去学习，难以达到学以致用。即使已工作若干年后，也不清楚自己适合做什么。

据向阳生涯职业咨询机构针对一批样本数为 280 人，大专以上学历的职业人的调查，工作 3 ～ 5 年的人群中，有明确职业定位的比例只占 8%，比较清楚职业定位的占 21%，而 69% 不清楚自身的职业定位。也就是说在工作三五年的人群中，有七成人不确定自己该干什么，仍是在浑浑噩噩地工作、不明不白地干活。

职业定位是个繁杂的过程，需要综合考量一个人的性格类型、兴趣爱好、职业价值观、自身需求、学历、工作经历，以及能力水平和可利用的资源状况等多方面因素。

个体在进行职业生涯规划时要尽量选择自己感兴趣的职业。大学生可以将感兴趣的职业列出来认真分析和评估。

性格与工作适合度是大学生选择工作的考虑因素之一。近几年来，海外用人单位在招聘时先用性格考量应聘者，他们认为能力强弱还是在不断培养的过程，性格却是人格休戚相关而难以改变的。因此，海外用人单位都用性格测试测量应聘者是否符合用人要求。也就是说，没有符合用人单位要求的性格，再娴熟的技能也会落选。因此，大学生选择工作时要反思自己的性格与工作是否适合，适合在哪些方面发挥，适合做哪种工作？外向性人格的人适合经常与人打交道的工作，故外向性人格的人适合做管理人员、律师、政治家、推销员、记者、教师等，而内向性人格的人适合做有条理、稳定和少与人打交道的工作，所以内向性人格的人宜从事科学家、技术人员、设计师、打字员、统计员、档案保管员等。

个体在进行职业生涯规划时要考虑价值观与职业的匹配。在面对各种可供选择的职业道路时，首先要依据个体自身的价值观对这些职业进行价值评估与判断，考虑自己的职业期望，也就是个人对从事某一职业希望得到的回报和报酬，这是个人职业价值观的直接反映，然后才能选出最符合自己需要的职业道路。比如有些人认为工作的稳定性十分重要，但对工作的收入并没有太高要求，可以选择公务员或者事业单位的职业岗位；而有些人把收入高低摆在第一位，只要收入能达到自己的期望，愿意面对工作中的巨大压力，因此一些充满挑战性的业务类的岗位是比较适合的。

五、职业规划方案制定

（一）职业生涯规划需要考虑的因素

如何制定自己的职业生涯规划方案？许多职业咨询机构和心理学专家在进行职业咨询和职业规划时常常采用 6 个“What”的归零思考的模式：从自己是谁开始。然后顺着一路问下去，共有 6 个问题：

（1）What are you?

（2）What do you want?

（3）What can you do?

（4）What can support you?

（5）What fit you most?

（6）What you can be in the end?

回答了这 6 个问题，找到它们的最高共同点，你就有了自己的职业生涯规划。

对于第一个问题：“你是谁？”应该对自己进行全面客观的反思，深刻认识自己的优点和不足，将所有的内容罗列出来。

第二个问题：“你想干什么？”是对自己职业发展的一个心理趋向的检查。结合自己的兴趣爱好，提出自己的职业目标。当然，每个人在不同的阶段，职业目标会发生改变，有时候甚至是完全相反的。但随着年龄的增长，经历的事情越来越多，就会更加稳固和明确，最终锁定自己的终生理想。

第三个问题：“你能干什么？”这是对自己能力与潜力的全面总结，一个人职业的定位最终要和能力相匹配，喜欢的不一定是擅长的，只有在自己能力所能胜任的职业领域内，才能更好地激发自己的潜力，获得更大的职业发展空间。如何了解一个人的潜力，可以从几个方面去着手，如对事的兴趣、做事的韧性、临事的判断力以及知识结构是否全面、是否及时更新等。

第四个问题：“环境支持或允许你干什么？”这种环境支持包括客观和主观两个方面。在客观方面，如经济发展、人事政策、企业制度、职业空间等；主观方面包括同事关系、领导态度、亲戚关系等，两方面的因素应该综合起来看。在做职业选择时，应该将一切有利于自己发展的因素调动起来。通过同事、熟人的引荐找到工作是最正常也是最容易的，这和“走后门”等歪门邪道有着本质的区别。这种区别就在于环境支持是建立在自己的能力之上的。

第五个问题：“什么是最适合你的？”面临各种不同的行业和职位选择，并不单单是考虑待遇、名望、成就感等因素，不同的工作，压力和劳累程度也不一样。选择适合自己的才是最好的。这就要根据前四个问题来回答这个问题。

明晰了以上的五个问题，就会对自己想要实现的职业目标有了更加全面的认识，看清实现职业目标的有利和不利条件，客观和主观的因素，从中找到不利条件最少的、自己想做而且又能够做的职业目标，那么第六个问题“自己最终的职业目标是什么？”自然就有了一个清楚明了的框架。

（二）大学生职业生涯规划的阶段性任务

大学生职业生涯规划一般分为四个时期。

1．一年级为试探期

试探期要初步了解职业，特别是自己未来所想从事的职业或自己所学专业对口的职业，提高人际沟通能力。具体活动包括：多和师哥师姐们进行交流，尤其是大四的毕业生，询问就业情况；大一学习任务不重，多参加学校活动，增加交流技巧；学习计算机知识，争取可以通过计算机和网络辅助自己的学习，为有可能的转系、获得双学位、留学计划做好资料收集及课程准备；多利用学生手册，了解相关规定。

2．二年级为定向期

定向期需要明确未来就业或深造方向，了解所学专业或未来所从事的职业需要培养哪些基本素质，加强自身素质的培养；参与学生会、社团等学生组织活动，接触社会，检验所学的知识与实践技能；进行一些短期社会实践活动、兼职工作，最好于课后一段时间从事同未来职业或同本专业相关的工作，养成一定的责任心和自制力，适度承受一些压力，提高英语口语能力、熟练程度，提高计算机水平，积极接触计算机相关软件等，通过软件的使用和了解，积累一些英语、计算机相关的证书；开始涉猎其他相关专业。

3．三年级为冲刺期

冲刺期可以适当参加一些就业实践活动，写一封简单的个人求职信，了解一些企业相关的信息，略提一句研究生的问题；在学术论文或论文集上留下自己的见解，锻炼自己的独立解决问题的能力和创新意识；暑假去一些相关单位进行实习，适当结交一些有实习工作经验的同学，了解其就业经验、学习求职信和个人简历的写法，了解寻找求职信息的途径，并可以适当选择，也可以结交一些大学毕业时已经从事工作的校友或者师兄师姐，了解以前就业的情况；想继续深造选择留学的同学，可以和留学顾问多接触，也可以参加一些关于留学的主题性活动，了解一些英语四六级、TOEFL、GRE 考试注意事项，及时掌握留学考试资讯，向教育部询问相关类型的简章，等等。

4．四年级为分化期

分化期的大学生，无论是找工作、考研、出国，不能再犹豫不决，大部分学生的目标应该锁定在工作申请及成功就业上。这时，可先对前三年的准备做一个总结：①检验自己已确立的职业目标是否明确，前三年的准备是否已充分；②开始毕业后工作的申请，积极参加招聘活动，在实践中校验自己的积累和准备；③预习或模拟面试。积极利用学校提供的条件，了解就业指导中心提供的用人公司资料信息、强化求职技巧、进行模拟面试等训练，尽可能在有充分准备的情况下实战演练。

如果每一名学生进入大学后都能很好地规划自己，制订每学期计划，做好月度安排，细化落实到每一天；培养自立、自信、自强、自尊、自律的优良品质；在学习、工作、活动、实践中挖掘自我潜能，不断发展自我优势；注重在实践中学用结合、手脑并用，掌握技能，培养职业技能；同时学会驾驭时间，学好专业知识，那么几年后走出校园，每个人都会成为高素质的实用型人才，都会找得到一份自己满意的工作。

第七章　大学生就业

第一节　大学生就业概述

大学生就业难已成为年度社会议题。尽管我国经济稳步增长，但受金融危机、高校扩招、劳动人口增多及大学生自身因素等影响，就业形势依然严峻。这一挑战需要社会各界共同努力来应对和解决。

一、大学生就业形势

（一）当前大学生就业形势分析

回溯过往的毕业生就业情况，不难看出一个趋势：高校的毕业生人数呈现逐年攀升的态势。从 2014 年的 727 万，逐年递增，至 2023 年已高达 1174 万人，每一年的增长数字，都仿佛在诉说着就业的严峻现实。而与此同时，那些选择海外深造、学成归来的学子，也在回国后加入了这场激烈的就业竞争，无疑为本已紧张的就业市场雪上加霜。市场需求疲软，而毕业生的数量却持续增长，这种结构性的失衡，使高校毕业生的就业前景变得黯淡。未来，大学生就业的春天似乎遥遥无期，高校毕业生的就业压力如磐石般沉重，压得他们喘不过气来。这种形势，无疑需要社会各界的共同努力，通过扩大就业渠道等方式，来缓解高校毕业生的就业压力，让他们看到更多的希望和可能。

（二）大学生就业困难的主要原因

1．大学生自身存在的问题所带来的就业难

学生职业价值观和就业观念的滞后，无疑成为其就业困境的症结所在。众所周知，大学生作为社会的精英力量，受到“精英情结”的深刻影响。然而，正是这一情结，常常令他们自视过高，难以适应实际的市场需求。此外，毕业生的综合素质普遍偏低，社会适应能力亦显不足，这使得他们难以满足用人单位的严格标准。一些学生过于依赖学校的课程设置，缺乏广泛的知识储备和实际操作能力，从而在求职过程中屡屡碰壁。更甚者，语言表达能力的欠缺，使得他们在面试时紧张怯场，无法充分展现自身实力，从而错失了众多宝贵的工作机会。

2．毕业生就业结构失衡，供给与需求矛盾突出

高校毕业生的供需矛盾，其核心在于高等教育的高速扩张与当前社会、经济转型发展之间的不匹配。中国作为世界上人口最多的国家，每年都有庞大的新增劳动力涌入就业市场。随着高等教育逐步走向大众化，普通高校的大规模扩招直接导致了高校毕业生的数量激增。然而，我国的社会发展并不均衡，沿海地区和东部地区以其优厚的生活条件和诱人的发展前景，吸引了大量毕业生，造成了这些地区的人才竞争越发激烈，而不少学生对前往欠发达地区就业抱有抵触情绪，这些无疑都增加了毕业生的就业难题。

3．用人单位盲目设置的各种条件带来的就业难

面对就业挑战，应届毕业生往往遭遇经验障碍和学历门槛的双重困境。众多企业偏好具有丰富工作经验的求职者，使初出茅庐的毕业生难以施展才华。更为令人遗憾的是，一些用人单位过于追求高学历，忽视了实践经验和真才实学的价值。这种重学历轻实践的现象，无疑加剧了应届毕业生的就业压力。

4．社会壁垒、就业市场分割的现实加大了大学生就业的难度

在时代的浪潮中，毕业生自主择业已成为大势所趋。然而，根深蒂固的户籍、档案等体制问题，在无形中束缚着年轻人的职业选择。许多大学生在求职道路上曾因“非本市户口免谈”的冰冷回绝而倍感无奈，被迫与心仪的工作机会失之交臂。这种体制性的束缚，无疑在加剧着大学生的就业压力，呼唤着更深层次的改革与理解。

（三）大学生如何面对严峻的就业形势

面对严峻的就业形势，大学生应该如何做，才能在激流中勇进呢？

1．认真做好自身的职业生涯规划，做好就业准备

在人生职业道路的起航之际，确立正确的职业理想是至关重要的第一步。须明确心之所向，随后以此为导向，精心策划自己的学习与实践路径，为追求梦想职业不懈努力。同时，深入自我剖析和细致职业分析亦不可或缺。只有充分了解自己的特质与潜力，我们才能在职场中找到最适合自己的位置，绽放独特光彩。

2．转变就业观念

就业之际，大学生须摒弃“精英情结”，以实际为考量，树立面向大众的就业观。二、三线城市急需优秀人才，民营和中小企业更是存在着庞大的用人缺口。因此，大

学生应当树立深入基层、投身于事业的信念，努力在基层工作中磨炼自我，挖掘自身潜能。此外，他们还可以将目光投向那些欠发达地区，从实际出发，选择适合自己的求职道路。

3．提升就业能力

大学生的就业能力，即其顺利求职、稳定工作以及实现职业成功的综合素养，它不仅涵盖了专业知识与技能的掌握，更包含了与工作相关的多种人格特质。面对竞争激烈的就业市场，具备出众就业能力的毕业生往往更受用人单位青睐。就业能力主要体现在专业知识的精通、团队协作的能力、沟通表达的技巧以及持续自我提升的意愿等多个层面。

（1）专业知识。大学生需深知专业技能的重要性。没有坚实的专业知识与技能，个体往往局限于低层次的劳动，无法触及更高层次的职业发展。那些拥有深厚基础知识或掌握核心技术的劳动者，无疑享有更为广阔的发展天地。专业技能为大学生铺设了通往职业高峰的稳固基石。现今社会，对大学生能力的要求日益提升，凸显了专业课程学习的紧迫性。专业课成绩不仅是学习成果的直接反映，更成为许多企业评估人才的关键指标。因此，大学生在校期间应当全力投入专业课程学习，以优异的成绩和完备的技能装备自己，为未来的职业生涯打下坚实的基础。

（2）表达能力。在职场中，表达能力被视为不可或缺的技能，它在大学生求职过程中更是起着至关重要的作用。一项对就业困难学生的调查显示，性格内向及沟通能力不足是阻碍学生成功就业的主要原因之一。表达能力被誉为“敲开企业大门的金钥匙”，一份简历的书写，是文字表达能力的体现；面试过程中的口头表达，更是直接展示个人才华的窗口。实际工作中，表达能力同样重要，若不善于表达，将影响人际关系的建立，从而阻碍自身其他能力的充分发挥。因此，大学生必须重视表达能力的培养，通过日常锻炼与实践，不断提升自己在表达方面的能力。

（3）人际交往能力。人际交往能力在职场中发挥着不可忽视的作用。有些学生在校时成绩平平，却能在社会上大放异彩，其中关键原因便是他们具备出色的交际技巧，他们因善于交际而更容易捕捉到机会，迅速融入工作环境。在现代社会，沟通能力的重要性越发凸显，一个团队或集体，和谐的人际关系象征着团结和力量，是事业成功的基石。这也正是许多用人单位在招聘时特别看重大学生人际交往能力的原因。因此，大学生应着力培养和提高自身的人际交往能力，以适应和满足职场的多元需求。

（4）组织管理能力。组织管理能力是职场中不可或缺的能力之一，它涵盖了策划、组织、协调、指挥、沟通和控制等多方面的技能。对于大学生而言，无论是否走上管理岗位，都需要具备良好的组织管理能力，这一能力不仅有助于大学生在职业生涯中脱颖而出，更是他们实现个人价值和职业发展的关键所在。

（5）适应能力。随着经济的快速发展和科技的日新月异，现代社会呈现出加速发展的趋势，环境变化日益加剧。在这样的背景下，企业对于大学毕业生的环境适应能力提出了更高的要求。对于大学生而言，只有善于适应不断变化的环境，调整自己的生活方式、行为方式和思维方式，才能在这个日新月异的社会中立足。因此，大学生应该不断提高自身的适应能力，以便更好地应对未来的职业挑战和个人发展机遇。

（6）实践能力。实践能力是大学生在工作中解决实际问题的核心技能，它不仅涵盖专业知识的应用，还涉及跨领域问题的解决能力。不论是国内还是国际的企业，都非常重视员工的实践能力。实践能力是大学生就业能力的关键所在，但当前许多大学生的实践能力尚显薄弱，成了他们顺利就业的一大障碍。

（四）经济转型时期大学生就业的新机遇

目前我国正站在大有可为的战略机遇之巅，产业结构在优化与重塑，经济活动的疆域不断扩展并交织融合。在新一轮的科技革命和产业变革下，新兴的产业和业态如雨后春笋般崭露头角，巨大的就业磁场，吸引着无数求职者。同时，大众创业、万众创新的热潮更是催生了无数新的就业增长点，为就业的繁荣注入了强大的活力。虽然挑战重重，但我国经济整体仍有望保持平稳快速的发展步伐，这无疑将为劳动力需求的增长提供了强大的动力。

从产业与行业的角度看，国家正积极构建以现代服务业和先进制造业为核心的资源节约型产业体系。在不断完善与优化劳动密集型产业的同时，正逐步以知识、技术和资本密集型的环境友好型产业来取代传统的资源密集型和土地密集型产业。这种转变需要更多的高素质人才来支撑。许多优秀的民营企业也提高了对员工文化水平的要求。这些都为大学生在这些行业领域提供了更强的竞争优势和更广阔的发展空间。

新兴产业的崛起为大学生就业带来了前所未有的机遇与空间。新技术的诞生、新业态的形成、新模式的实践，催生了平台经济和分享经济的井喷式增长，为就业市场注入了新的活力。配置机制在此背景下愈发灵活，为大学生提供了更多选择。信息技术、计算机服务、金融、电子商务等现代制造和服务业，正以惊人的速度发展，创造了海量的就业岗位。这种转变使得大学生的就业方式更加多元化，为他们的自主创业和就业提供了广阔的平台。

从统筹城乡发展的视角来看，新型城镇化与农业现代化的融合孕育着巨大的发展潜力。随着对社会主义新农村建设的不断推进和新型城镇化的拓展，诸多领域如城市管理、社会管理、基础设施以及农业公共服务等，均对具备先进知识与丰富管理经验的大学毕业生产生了旺盛的需求。这同样为大学毕业生带来更为广阔的就业空间和发展前景。

从保障层面看，我国已逐步构建起坚固的法律屏障，为大学生就业全方位保驾护航。近年来，国家密集出台了《中华人民共和国企业劳动争议处理条例》《中华人民共和国就业促进法》等一系列法律法规，这些法律法规条款细致入微，为大学生的合法权益撑起了有力的法律保护伞，使他们在求职之路上增添一份安心与保障。

二、大学生就业程序

熟知招聘流程与毕业手续，大学毕业生能够更高效、顺利地踏入职场，迈向成功的就业之路。

（一）用人单位招聘程序

用人单位的招聘流程涵盖多个阶段：明确用人需求、精心策划招聘方案、发布广泛而精准的招聘信息、收集求职简历、审慎筛选候选人、签约与毕业生接收。

（1）明确用人需求。这是招聘的首要步骤，通常由业务部门根据工作负荷和事业发展规划制定人员预算，并将所需的人员数量及岗位详情提交至人力资源管理部门。接着，这两个部门需协同考量，基于实际需求决定是否启动招聘流程。

（2）精心策划招聘方案。一旦招聘需求得到批准，人力资源部门便须精心策划招聘方案。通常，招聘方式分为两种：一是从内部进行人员调动，充分利用现有资源；二是面向广大社会进行公开招聘，拓宽人才选择范围。

（3）发布招聘信息。用人单位发布招聘信息的渠道众多，不仅涵盖自有网站、高校就业平台和人才网站，还包括其他的大学毕业生就业网站及主流媒体如电视、报纸和杂志。同时，大型公司还会特意选择部分高校进行精准且富有吸引力的校园招聘宣讲活动，以吸引顶尖人才。

（4）收集求职简历。用人单位发布招聘信息时，尤为重视求职者的简历。简历是求职的第一印象，通过精心打造，可以提高被选中的机会，实现职业发展的目标。毕业生需在规定时间内按要求提交简历，其中电子简历已成为主流，但在某些场合仍需提交纸质简历。这一步骤对求职者来说至关重要，因为简历直接关系到是否能进入下一轮面试。因此，毕业生应认真准备简历，确保内容完整准确，体现自己的能力和特长，从而赢得用人单位的青睐。

（5）筛选候选人。对于人力资源管理部门来说，筛选合适的候选人至关重要。他们首先会对申请人的基本情况进行初步筛选，然后根据招聘需求确定下一步的筛选流程。通常，面试和笔试是最常见的筛选方式，有些单位会组合使用这两种方式，甚至进行多次筛选以确保选拔出合适的人选，为企业的发展注入新的活力。

（6）签约与毕业生接收。签约与毕业生接收是用人单位与毕业生之间的一种重要契约关系。通过各项考核后，双方签订就业协议，标志着正式录用。毕业生报到后，用人单位将办理人事档案的转交工作，完成毕业生的正式接收。这一过程不仅是对毕业生个人能力的认可，也是用人单位对未来发展的重要储备，为双方共同创造更美好的未来奠定了坚实的基础。

（二）择业

择业不只是找到一份工作，还是一个从准备就业到最终就职的过程。包括了收集信息、明确目标、准备简历、参加招聘会、顺利签订劳动协议，并最终到单位报到。这一系列步骤组成了一个完整的择业过程，每一个环节都至关重要，只有做好每一个步骤，才能顺利找到理想工作，实现自己的职业规划。坚持努力，持之以恒，才能在竞争激烈的就业市场中脱颖而出，赢得人生的成功。

（1）收集就业信息，确定就业目标。确定就业目标首先要收集就业信息。大学生在求职时，应该通过各种渠道如网络、报纸杂志、导师、就业工作老师、已经就业的前辈或亲友等，获取符合自己职业规划的信息。并且要了解国家、省市和学校的毕业生就业政策，以及就业相关的法律法规。这样做可以帮助大学生更清晰地确定自己的就业目标，为未来的求职之路打下良好的基础。因此，收集全面的就业信息是求职过程中至关重要的一步，也能够提高求职成功的机会。

（2）整理求职材料，搜寻招聘信息。深入了解自己的就业目标后，就要开始整理求职材料并积极搜寻招聘信息。撰写求职简历和求职信时，要有针对性地展现自己的能力和成就，整理各种证书和奖项来证明自己的实力。与同学、老师、家长交流后，根据他们的建议不断修改和完善求职材料，使其更具说服力和吸引力。这样做可以提升大学生在求职过程中的竞争力，为未来的职业发展奠定良好的基础。

在准备求职材料的同时，要积极关注学校和本地区的就业信息网，参加各类招聘会，并利用人际关系搜集招聘信息。及时向合适的单位投递简历，主动联系用人单位，争取面试或笔试机会。要不断提升自己的能力和技能，准备充分地应对面试挑战，并展现出自信和热情。勇敢追求理想工作，不断尝试，相信自己的实力，坚持不懈地寻找适合自己的职业机会，最终实现自己的就业目标。

（3）充分发挥优势，竞聘就业岗位。在求职过程中，毕业生要充分认识到竞争的激烈性，努力发挥自身优势，积极参与竞聘就业岗位。这一阶段是求职过程中至关重要的核心部分，毕业生应该充分调动自身潜力与能力，展现自己的特长和优势，积极参与用人单位组织的各项评估活动，如面试、综合知识测试、心理测试、技能测试等。在竞争激烈的求职市场中，了解用人单位的情况至关重要。毕业生应该提前研究用人单位的背景、内部运作、发展规划、企业文化、用人理念以及经营业务等方面的信息，做到心中有数。只有对自己和用人单位有充分的了解，才能更从容地应对各种挑战。总之，毕业生要充分发挥优势，努力展现自身实力，积极参与竞聘就业岗位。通过了解用人单位的情况，有针对性地准备面试和测试，每一个细节都可能影响到求职的结果，只有全方位做好准备，才能在激烈的竞争中立于不败之地。

（4）依次填写盖章，签订就业协议。通过考核后，学生需要完成一系列流程，其中包括填写和盖章，签订就业协议。当被用人单位录用后，学生可将毕业生推荐表交给用人单位，再将用人单位签订的回执交回学校，最终领取三方就业协议书。这一过程旨在确保学生与用人单位之间的雇佣关系得以明确，在未来工作过程中双方权益能得到保障，促进就业机会的实现。通过规范的流程和协议签订，双方都能更加明晰地了解彼此的责任和权利，为顺利就业打下坚实的基础。

（5）领取报到证，转递户档关系。毕业生领取报到证后须及时前往用人单位报到，同时完成户口迁移手续。外地生源毕业生须先向学校户籍部门申办户籍迁移卡，再携带迁移卡、就业报到证、毕业证前往用人单位进行落户登记。要按时办理手续，确保顺利入职并完成社会融合。毕业生需要注意办理手续的及时性和完整性，从领取报到证到最终落户，每一步都是向着成功就业迈出的关键一步。

三、大学生就业的主要途径

多年的扩招使高等教育普及，大学生就业也趋向市场化。以往的就业方式已无法满足市场需求，毕业生需要树立“就业大众化”理念，积极参与市场，通过多种途径实现就业。只有主动寻求、积极参与，才能适应现代就业市场的挑战和需求。

（一）校内求职途径

1．校园招聘会

每年大学生毕业时，各大企业纷纷走进校园，展开散点式招聘活动。这种招聘方式自2003年开始逐渐成熟，现在已经得到广泛应用。相比于社会招聘会，校园招聘给予学生更高的成功率，因为用人单位选择在校园内招聘，他们对学校和学生已经有一定程度的认可。这种方式避免了学校之间的竞争，也为没有工作经验的大学生提供了更好的机会。校园招聘的优势在于针对性强，安全可靠，大大降低了求职成本。

2．学校推荐就业

学校的就业推荐是大学生求职过程中不可或缺的一环，通过学校毕业生就业指导中心获得就业推荐往往是一种高效且可靠的途径。这种方式不仅为毕业生提供了更多就业机会，还为他们搭建了更稳固的就业平台。因此，学生应当充分利用学校提供的就业资源，积极参与相关活动，提升就业竞争力，为自己的未来打下坚实的基础。

3．高校自行举办的小型招聘会

为了提高本校毕业生的就业率，许多高校每年都会邀请与学校建立长期合作关系的用人单位参加招聘活动。这些招聘会专门针对学校的毕业生，招聘的职位要求与学校的专业方向相符或相近。这种求职途径很受欢迎，对本校毕业生具有很大的吸引力。通过这种方式，学校为毕业生提供了一个更直接、更有效的就业机会，也为用人单位提供了更可靠的人才来源。这种合作模式不仅对学校、学生和用人单位是一种双赢，也为建立良好的校企合作关系奠定了基础。

4．高校联合举办的大型校园专场招聘会

未来高校招聘会的发展方向是各学科、各行业之间联合举办专场招聘会，规模逐渐扩大。这种横向合作模式不仅让企业更有针对性地选择人才，也为毕业生提供更多就业机会。近年来，联合举办招聘会已经开始，成为校园招聘会的新潮流。高校通过这种模式吸引更多企业参与，为毕业生创造了更多实习和就业机会，提高招聘效率和质量。这种合作模式将成为未来高校招聘会的主要形式，为毕业生和企业搭建更好的沟通和交流平台。

5．综合性人才招聘会

各大城市的高新技术人才中心和人力资源机构每年都会举办各种类型的招聘会，包括大型综合招聘会、中小型专业招聘会以及专为毕业生举办的招聘会。这些招聘会具有许多特点和优势，如规模庞大、招聘单位众多、行业范围广泛等。参加这类招聘会不仅可以让大学生了解就业市场、接触社会，还可以积累宝贵的求职经验。在参加此类招聘会时，必须保持主见，不能盲目跟风，而是要通过自己的观察和判断力来选择适合自己的工作机会。另外，准备多份简历和个人材料也是很重要的，以备招聘单位现场查看。这样不仅能够给招聘单位留下深刻印象，也有利于提高自己被录用的机会。参加招聘会是一次很好的机会，不仅可以寻找到理想的工作，还能结交更多志同道合的朋友，扩大自己的人脉圈。因此，大学生在校期间要多参加各类招聘会，积极寻找适合自己的职业发展机会，同时也要不断提升自己的求职能力，为未来的就业打下坚实的基础。

（二）社会求职途径

大学生在求职过程中，利用自己的社会关系网络搜集就业信息，并通过关系选择适合自己的工作是非常重要的。许多用人单位更愿意录用由熟人介绍或推荐的求职者。如果在求职关键时刻有关键人物为自己提供建议，那么求职效果会更好。建立起自己的人际关系网络可以为找工作提供极大帮助，尤其通过亲朋好友介绍工作的成功率较高且可靠。亲戚朋友的推荐主要分为两种情况：一种是“无力度”的推荐，即他们只是帮你介绍一下，完成求职流程；另一种是“有力度”的推荐，这种情况下推荐人对人力资源部门的决策产生直接影响。但前提是你必须符合该单位和职位的任职条件，表现出完全胜任工作的能力。亲朋好友的推荐，可以让求职者更快地获得就业机会，提高录用机会。因此，建立并利用人际关系网络对于就业而言至关重要。

1．电话求职

大学毕业生在求职时，可以通过电话方式联系自己喜欢的行业单位，了解就业机会并推销自己。在打电话求职时，需要主动展示自己的优势，给用人单位留下好印象，同时要注意在短时间内达成求职目的。为此，在通话时段、通话时间和通话内容上需要事先准备并设计，同时要熟悉电话礼仪，以确保成功地与用人单位建立联系和交流。

2．直接登门自荐

大学生在没有任何关系介绍和推荐的情况下，也可以选择直接带着自荐材料前往目标公司拜访，向对方展示自己的优势，从而获得用人单位的认可。在进行直接自荐前，需要提前通过公司官网对其性质和特点进行了解，充分做好功课。拜访时要展现出对公司的了解和喜爱，以留下深刻印象。这种积极主动的求职方式展现了自信和勇气，同时也表现出对工作的热爱和认真态度，对于吸引用人单位的注意和得到其青睐起到了关键作用。勇敢迈出这一步，展现自己的实力和独特性，将会为求职者开启更多机遇之门。

3. 报纸广告求职

通过阅读报纸广告来寻找工作是一种传统但依然有效的求职方式。报纸广告可以为求职者提供大量的企业招聘信息，并且其真实性和有效性较高，反映出了企业对人才的需求程度。因此，在未来相当长的时间内，报纸广告仍将是求职者的信息来源之一。在查找报纸上的求职信息时，求职者可以优先选择专业人才类或招聘类的报纸，如日报、晚报等都有专门的人才招聘版面。同时，通过报纸求职通常需要按照一定程序进行，比如先邮寄简历，然后经过初审再通知面试等。总之，通过报纸广告求职是一种有效的方式，但求职者需要谨慎选择合适的报纸，遵守求职程序。这不仅有助于提高求职成功率，也是对自己和用人单位的尊重。

大学生也可以通过发布求职广告的方式来寻求工作机会，但需要确保广告内容具体明确，避免太过宽泛或模糊。这样才能吸引到真正匹配你需求的用人单位，提高求职成功率。不仅如此，采用这种方法还可以主动展示自己的求职意愿，增加被雇主发现的机会。因此，在写求职广告时，务必将自己的技能、经验和求职意向清晰地表达出来，让雇主能够准确地找到需要的人选。

4. 网络求职

网上求职作为一种特殊的择业方式，具有便捷快速的特点，是当下流行的择业新途径。数据显示，超过 70% 的求职者通过网络成功找到工作，这一趋势仍在持续增长。网络求职改变了传统招聘模式，为求职者和企业提供了更多的选择机会和便利服务，使择业过程更加高效简便。因此，越来越多的求职者选择通过网络来寻找工作，享受到多快好省的求职体验。

如今，网上求职已成为求职者和用人单位之间联系的重要方式之一。通过网上求职，求职者能够更加方便快捷地找到心仪的工作，用人单位也能够更容易地筛选出合适的人才。在网上求职过程中，求职者需要掌握一些技巧，以提高求职成功率。例如，需要在发布求职信息时注意关键词的使用，以便被用人单位检索到。此外，在填写个人资料时，应该详细列出工作经历和教育背景，因为这些是用人单位最为关注的内容。通过这些方法，求职者可以增加被注意的机会。然而，网上求职也存在一些问题，比如虚假招聘信息和虚假简历。这些信息不仅会浪费求职者的时间和精力，还会给用人单位带来不必要的困扰。此外，个人隐私问题也是网上求职的一个隐患，如果不慎泄露个人信息，可能会给自己带来麻烦。因此，虽然网上求职给求职者和用人单位带来了便利，但也需要注意保护个人信息和提高求职技巧，以应对可能遇到的问题。只有这样，网上求职才能健康发展，真正成为一种可靠的求职方式。

在求职过程中，求职者应该根据自身条件和环境选择最适合的求职途径和方法，以降低成本和尽快实现就业。这包括考虑地域、专业和所求职业的匹配程度，以及个人的实际情况。通过精心策划和有针对性的选择，可以有效缩短求职周期，提高成功率。这样的做法不仅能够节省时间和精力，还能够让求职者更快地适应职场环境，实现自我价值的最大化。在找工作的过程中，明确目标，有计划地行动，才能更好地抓住机会，实现自己的就业目标。

（三）参加招聘会应注意的问题

参会时最好准备复印件而不是原件，以免遗失证件。由于参会人员众多，用人单位无法即时验证，主要关注初次面试和简历。因此，保证证件的安全非常重要。

充分利用招聘会的会刊对于求职者来说非常重要。在招聘会的入口处免费领取会刊，上面详细列出了参会单位的招聘信息和条件。求职者在招聘会之前可以提前查看会刊，在上面标注自己感兴趣的公司和岗位，在到达招聘现场后直接前往目标公司的展台，从而节省时间，提高应聘效率。在应聘时，求职者不应该被公司列出的条件吓倒。首先要保持自信，毫不犹豫地表达自己的条件和期望；其次要展现自己善于学习和适应工作的能力；最后要表现出在工作中努力实践、创造业绩的信心。总之，通过充分利用招聘会的会刊，求职者可以更有针对性地选择适合自己的岗位，展现出自信和能力，从而增加成功就业的机会。另外，在求职过程中，保持乐观积极的态度也是非常重要的。

在面试后的两三天内，要主动与感兴趣的用人单位联系，不能被动等待。如果双方都感到满意，立即记录下公司的联系方式和负责人电话，因为用人单位会接收大量简历，有可能会忽略你。通过电话询问下次面试的时间，既体现了对公司的尊重，又表达出加入公司的渴望，给用人单位留下深刻印象。主动沟通可以提高被录用的机会，展示自己的积极主动性和热情，让用人单位对你有更多的认可和好感。总之，只有主动行动，才能在竞争激烈的就业市场中脱颖而出，实现自己的职业目标。

四、大学生就业基本常识

（一）供需见面

供需见面是高等学府和企业为促进毕业生就业而进行的沟通活动。在这个过程中，学校向企业介绍学校情况以及毕业生需求和就业要求。通过供需见面，有效对接毕业生和用人单位，推动就业方案的顺利实施。这种形式不仅有利于提高毕业生的就业率，也为企业提供了更好的人才招聘渠道。通过这种方式，学生也能充分了解用人单位的需求，从而更快地适应职场挑战。因此，供需见面是高等教育系统与用人单位密切合作的有效方式。

（二）双向选择

双向选择是毕业生和用人单位在就业过程中相互选择的重要方式。毕业生通过双向选择可以了解用人单位的情况，而用人单位也可以根据要求对毕业生的综合素质进行考察，以决定是否录用。双方若达成一致意见，应当签订毕业生就业协议，作为双方就业的依据。这种方式帮助毕业生和用人单位建立起更加健康、稳定的雇佣关系，促进就业双方实现共赢。

（三）二次派遣

二次派遣是指毕业生在毕业时仍未落实工作单位，学校将其派遣到生源地区人事部门，由生源地区的毕业生就业主管部门负责推荐、派遣等与就业相关的工作。毕业生就业主管部门为各省人力资源和社会保障厅、教育厅、高等学校毕业生就业指导中心。

（四）三方协议

三方协议是指全国普通高校毕业生就业协议书，共有毕业生、用人单位和学校各持一份。毕业生凭借该协议书与用人单位就就业问题达成一致。用人单位可凭此协议书向主管部门进行审批，毕业生则可凭此协议书向学校提交就业去向申请，而学校可以凭借协议书向主管部门获取报到证。这一制度为毕业生提供了就业的确凿依据，并为用人单位与学校之间的合作提供了有效保障。通过三方协议，实现了毕业生、用人单位和学校之间的良性互动，有助于促进毕业生顺利就业并满足用人单位对人才需求满足。

（五）改派

改派是指在毕业生正式报到用人单位之前，对单位及地区进行调整的做法。具体来说，就是将原单位的人事关系文件重新派发到新的用人单位或其上级人事主管部门。一般情况下，毕业生在没有特殊原因的情况下是不能随意办理改派手续的。然而，如果毕业生已经改变就业意向或者转换单位，就必须尽快办理改派手续，否则，将会影响其人事关系的确认和解决。确保及时办理改派手续，对于毕业生来说至关重要。这一过程需要主动沟通和配合，确保人事关系的顺利转移，避免出现不必要的问题和困扰。因此，毕业生应该尽早了解相关政策和流程，避免因不了解规定而造成不必要的麻烦。

（六）户口迁移证

户口迁移证是记录公民户口变动的重要凭证，用于证明个人从原户口所在地迁移到新的居住地址。户口迁移证是公民在迁移户口时不可或缺的重要文件。持证人需要在有效期内将户口迁移证交给迁入地的户口登记机关，完成入户手续。在户口迁出后，务必妥善保管户口迁移证，避免遗失、涂改或转借。如果不慎遗失，应立即向相关管理部门报告。只有如此，我们才能确保顺利完成户口迁移，避免不必要的麻烦和延误。对于每个公民来说，认真保管户口迁移证是维护自身权益、确保合法权利的基本责任。因此，持证人应当重视这一过程，并严格遵守相关规定，确保顺利入户并享受相应的公共服务。

（七）毕业生如何进行人事代理

人事代理制度是市场经济条件下人事制度改革的产物，其实施有利于规范人才流动和开发潜能，推动优化人才资源配置。各省市区设立了人事代理机构，大中专学校的人事代理通常隶属于负责毕业生接收的机构。学生可通过网络查询各人事代理部门的相关信息。选择人事代理来挂靠档案和户口对于毕业后仍未找到工作的毕业生是一种不错的选择。这样可以解决找工作时的后顾之忧，也为从事自由职业或灵活就业提供了便利。人事代理，可以解决转正定级、考评技术职称、核定工资等问题，同时还能提供考研、出国等相关材料，为就业增加机会。这种灵活的方式，为毕业生避免了许多烦恼，同时也为他们提供了更多选择的可能性，是一个既实用又可行的解决方案。

五、大学生择业方法及技巧

大学生毕业后面临着就业的压力和挑战，找到一份心仪的工作是他们共同努力的目标。成功就业并非单凭个人综合素质，还需要合适的求职方法和技巧。在求职择业过程中，大学生在注重提升自身的综合素质的同时；学习并运用成功的求职技巧，通过不断努力和实践，才能增加就业的成功率，更好地实现自己的就业目标。

（一）自荐的方法和技巧

1．自荐材料

自荐是求职过程中常见的方式，包括口头自荐、书面自荐以及广告自荐等多种形式。在准备自荐材料时，要实事求是，言之有物；还要着重突出个人的专长和特点，让雇主能够清晰地了解自己的优势；此外，书写自荐材料时要文笔流畅、字迹端正，不出现错别字和草率之处；在措辞上要谦虚而不自负，避免使用引起别人反感的言辞；有时，使用多种文字表达自己的优势也有助于提高求职成功率。自荐是展示自己能力和特点的机会，精心准备自荐材料将有助于让雇主对求职者有更加全面深刻的了解，从而增加成功的机会。

2．掌握自我介绍的技巧

在自我介绍时，积极主动、自信大方是关键。要突出自己的专业特长、知识面和兴趣爱好，越具针对性越好。实事求是不夸大，诚实面对自己的能力和不足，针对用人单位的具体要求，有的放矢地介绍自己的能力，展现出与岗位需求的契合度，在自我介绍中展示自信与真诚，突出自身优势和特长，将更有可能获得用人单位的青睐。

3．赢得好感的技巧

为了成功求职，赢得用人单位的青睐至关重要。在自荐时，应该从个人能力和工作经验两个方面着手，展示自己的优势和特长。只有让用人单位对自己有信心和好感，才更有可能达成求职目标。

在社交场合中，首先要注意的是外表形象的重要性。穿着得体大方，不但展现了个人的品位和修养，也给人留下良好的印象。言谈举止同样至关重要，要做到言之有物，避免过于夸夸其谈或使用低俗语言；回答问题要简洁明了，尽量避免跑题和武断言论；文明用语的运用也必不可少，不要使用过于口头化或油腔滑调的语言；在网络交流中，灵活运用网络用语和热词，但要有度，不可过分追求潮流。综上所述，外表形象和言行举止是社交中最基本且重要的方面，只有做到得体大方，才能在人们心中留下美好印象。

（二）面试技巧

拥有良好的面试技巧至关重要，它能帮助我们在面试中脱颖而出。面试技巧不仅包括自我形象设计、面谈技巧和交往技巧，还包括心理素质的培养。只有做好这些准备工作，才能在面试中展现出最佳的自己，获得成功的机会。因此，我们需要不断提升自己的面试技巧，保持自信和冷静，从而在竞争激烈的职场中脱颖而出。

1．自我形象设计

大学生参加面试时，服饰大方得体至关重要。衣着不必过分讲究，但要保持整洁大方，符合自身特点，避免选择过于前卫的服装。穿着要协调美观，与所申请职位相匹配。若面色不佳，可适当化淡妆，但不宜过分浓艳。在面试中展现出得体的着装和妆容，有助于给面试官留下良好印象，增加成功的机会。

大学生在面试中，应该言谈举止得体、彬彬有礼，既庄重，又不失活泼与灵动。只有将自身的礼仪修养和知识内化为外在仪表，才能在言谈举止间展现出自信与魅力，给对方留下深刻印象。

形象设计并非只在外表，更需内在充实。只追求外表美经不起时间考验。只注重内在美，在面试中可能失去机会。外在与内在兼顾，方能展现完美形象。虽然外表吸引眼球，内在品质才能给人留下深刻印象。重视两者，才能在竞争中脱颖而出。内在积累是根基，外在形象是加分项。真正的形象设计应该是内外兼修，才能在职场中取得成功。

2．面谈技巧

面试是求职过程中不可或缺的环节。面试的种类多种多样，如结构化面试、非引导式面试、无领导小组讨论面试、情景模拟面试等。

在面试过程中，面试官可能会提出各种各样的问题。在面对问题时，我们需要准备充分，展现自信和实力，才能给面试官留下深刻印象，顺利通过面试。

在回答问题时，需要注意主考官通常会从三个方面来审查面试者的回答。首先，答案的准确性至关重要，这体现了面试者的智力水平。其次，回答问题的过程中会透露出面试者的人生态度，这也是主考官关注的重点之一。最后，主考官会结合面试者的基本能力和综合素质来评判。因此，在面试中，除了准确回答问题，还要展现积极的人生态度和优秀的综合素质，这样才能给主考官留下深刻的印象，提高面试成功的机会。

在交谈的过程中，需要注意一些细节，以确保良好的沟通效果。首先，要善于倾听面试官的话题，尽量让谈话围绕对方感兴趣的内容展开。其次，对于面试官提出的问题要敏锐而及时地做出回应，展现出自己的关注和理解。除此之外，话题要具有丰富多样性，不要局限在某一领域，这样才能激发出更有趣的对话内容。在表达自己的观点时，应该保持开朗的态度，给对方足够的空间继续深入讨论。用通俗易懂的语言表达自己的观点，保持逻辑性和连贯性，让对方更容易理解。在与对方建立共鸣之后，适时地表达自己的看法，不要以自我为中心或者独断，要尊重对方的意见和感受。此外，要诚实地回答对方的问题，展现出积极的态度，即使碰到自己不懂的问题，也要坦率承认，并表示自己会通过努力去学习，不要虚伪地装作懂得一切，更不要夸夸其谈，给人留下华而不实的印象。只有真诚和坦率才能建立起互相信任的沟通基础，促进良好的交流氛围。

倾听是一项必须学习的艺术，对于有效的沟通至关重要。善于倾听可以帮助我们获取准确的信息，作出明智的判断，并灵活地应对谈话中的挑战。同时，倾听也传递了一种重视和尊重的心理感受，有助于营造和谐的谈话氛围。在面试中特别需要保持良好的倾听状态，示意对方自己正在认真聆听并准备着回答问题。因此，我们需要采取开放式的姿势，稍微前倾身体，表现出专注的态度，这样可以有效传递信息，让主考官感受到我们的重视和尊重，也确保谈话顺利进行。通过倾听和尊重，我们可以建立起更好的沟通关系，实现更有效的交流。

（三）笔试和签约

笔试作为应聘考核的辅助方式，近年来备受用人单位关注。它不仅是对大学生心理素质和职业素质的考验，也是选拔优秀人才的重要手段。心理测验是其中的重要组成部分，通过测试了解应聘者的心理健康状况以及职业兴趣、能力、态度和个性特征等情况。专业考试则是用来检验求职者的专业知识和相关能力的重要方式。此外，命题写作也是必不可少的环节，它考查求职者的语言文字驾驭能力和解决问题的能力。通过这些方法，用人单位可以更全面地了解应聘者的综合素质，从而做出更准确的招聘决策。因此，应聘者在备战笔试时，除了要加强专业知识的学习外，也需要重视心理素质的培养和语言表达能力的提升。这样才能在激烈的竞争中脱颖而出，获得理想的工作机会。

签约是职业生涯中至关重要的一步，协议书明确规定了双方的权利和责任。作为大学生，必须慎重对待就业协议，仔细审阅每一条款并谨慎作出决定。签约不仅是求职的最后阶段，更是一个开始，是进入职业生涯的开端。在签订协议之前，应该充分了解自己的职业目标和未来发展规划，确保与用人单位的合作是符合自身职业发展的最佳选择。只有这样，才能够在职业生涯中取得更好的发展。

第二节　大学毕业的可能去向

离开校园，踏入社会，就业选择成为每位大学生最为关键的一步，也是迈向成熟的重要仪式。随着中国智造的崛起和经济转型的加快，人们选择的就业路径呈现出多样化的特点。有人选择留在大城市发展，有人投身创业潮流，有人体验“慢就业”，还有人选择基层锻炼。传统的择业观念正逐渐被打破，这也意味着“铁饭碗”不再吃香。如今，大学生在选择职业时，更应该考虑自己的职业规划，听从内心的声音，坚守初心。每一个选择都是一次闪光的机会，每一次挑战都值得骄傲。走在自己选择的道路上，无论前方的风景如何，都要勇敢地迈出每一步，用自己的努力和汗水点亮人生的旅程。

一、服务基层

深入基层和农村，是解决就业难题和缩小城乡差距的有效途径。只有深入基层、深入群众，才能加深对社会的认知，增进同人民群众的情感，提高解决实际问题的能力。对于大学生而言，到基层就业不仅利国利民、利人利己，也是成长的最佳途径。现实是最好的老师，大学生在基层了解民情、磨炼才能、积累经验，凭借所学所长，定能找到适合自己的时代舞台，开创个人的成功之路。

（一）大学生服务基层项目

1．选聘高校毕业生到村任职

2008 年，中国共产党中央委员会组织部、中华人民共和国教育部、中华人民共和国财政部、中华人民共和国人力资源和社会保障部共同颁布了《关于选聘高校毕业生到村任职 2 年的意见（试行）》，旨在通过选聘 10 万名高校毕业生到农村担任村委会主任助理、村党支部书记助理或团支部书记、副书记等职务，促进农村基层治理和发展。这一举措不仅为广大高校毕业生提供了就业机会，也为农村带去了新鲜血液和理念，推动了乡村振兴和改革发展。

高校毕业生进村工作通常为期 2 年至 3 年。选拔过程包括报名、审核、考查、体检、公示、确定录用和培训。希望通过这一制度，能够吸引更多优秀的人才来到农村，为乡村振兴注入新的活力。

招聘的对象主要是30岁以下的大学毕业生，尤其是应届和毕业1～2年的本科生和研究生，且更加倾向于中共党员或预备党员，但非党员的优秀团干部和学生干部也是选聘考虑的对象。

选聘的基本条件是：

（1）思想政治素质好，作风踏实，吃苦耐劳，组织纪律观念强。

（2）学习成绩良好，具备一定的组织协调能力。

（3）自愿到农村基层工作。

（4）身体健康。

高等院校毕业生在参加中华人民共和国人力资源和社会保障部、中国共产主义青年团中央委员会等部门组织的“三支一扶”“志愿服务西部计划”等活动后，如期满并自愿且符合选聘条件，可由相关部门推荐为潜在选聘对象。

2．“三支一扶”计划

“三支一扶”计划旨在帮助农村基层发展，缓解人才短缺问题，于2006年正式施行。每年招募数万名大学毕业生，志愿前往乡镇支教、支农、支医及扶贫。服务期限为2年至3年，招募的对象主要是全国各高校应届毕业生。这项计划通过公开招募、自愿报名、组织选拔和统一派遣的方式进行。参与者将到农村地区从事支教、支农、支医和扶贫工作，帮助提高当地教育、农业和医疗水平，促进当地经济发展。通过“三支一扶”计划，大学毕业生能够将专业知识和技能运用到实践中，同时也提升了自己的综合素质和社会责任感。对于缩小城乡差距、促进乡村振兴具有积极的意义。“三支一扶”计划不仅为农村地区带去新鲜的思想和活力，也为参与者提供了锻炼的机会，使他们在实践中成长，并积累宝贵的社会经验。这一计划有助于构建更加和谐、稳定的社会，为建设美丽中国贡献力量。

3．大学生志愿服务西部计划

大学生志愿服务西部计划是由共青团中央主导，中华人民共和国教育部、中华人民共和国财政部、中华人民共和国人力资源和社会保障部共同协调实施的一项重要计划。自2003年起，该计划每年选拔一批普通高校毕业生前往西部贫困县的乡镇，开展为期1年至3年的志愿服务工作，包括教育、卫生、农技、扶贫以及青年中心建设和管理等。这项计划旨在通过大学生志愿者的服务，促进西部地区的发展，提高当地居民的生活水平，同时也为志愿者提供了锻炼和成长的机会。志愿者在服务过程中，不仅能够贡献自己的力量，还能够增长见识，提升综合素质。通过这种互助共赢的方式，大学生志愿服务西部计划成了推动教育、医疗和人才培养的重要途径。

4．农村义务教育阶段学校教师特设岗位计划

2006年，《关于实施农村义务教育阶段学校教师特设岗位计划的通知》正式发布，了“特岗计划”启动。该计划面向高校毕业生，特别是那些可以到“两基”攻坚县农

村义务教育阶段学校任教的人群。特岗教师的聘期为3年。这一计划的实施地区涵盖了许多地方。

农村教师特岗计划招聘对象和条件如下：

（1）招聘主要面向高等师范院校和其他全日制普通高校应届本科毕业生，也可考虑招收少量应届师范类专业专科毕业生。

（2）只有具备一定教育教学实践经验的全日制普通高校本科毕业生，并且年龄在30岁以下，取得教师资格，才能胜任教育行业。

（3）优先选拔参加过“大学生志愿服务西部计划”、有从教经历的志愿者以及参加过半年以上实习支教的师范院校毕业生。

（4）报名者应同时符合教师资格条件要求和招聘岗位要求。

农村教师特岗计划的招聘程序有：特岗教师项目的实施，为了确保招聘与管理工作的公正性和透明度，特岗教师的招聘过程严格遵循公开、公平、自愿、择优以及“三定”原则。具体来说，省级教育、人力资源和社会保障、财政、编制等相关部门负责招聘工作，从公布需求到最终签订合同并上岗任教，全程把关。用人单位会公布特岗教师需求，应聘者自愿报名参加资格审查、考试考核以及集中培训，通过层层筛选，最终确定符合条件的特岗教师，并签订合同，正式上岗。这样的程序，确保了选拔出最适合岗位的人才，同时也保障特岗教师们的权利和义务。特岗教师合同管理的实行，使得特岗教师们在服务过程中享有一定的保障，也提升了教师队伍整体素质。同时，这一制度也深化了教育领域的改革，促进了优质教育资源的流动和共享，为教育事业的发展注入了新的活力。

（二）优惠政策

政府鼓励高校毕业生到农村任职，支持各项农村发展项目。毕业生参与“三支一扶”“大学生志愿服务西部计划”等计划，服务期满后可获得相关优惠政策。这些政策旨在帮助毕业生更好地适应和融入农村工作环境，提升其职业发展机会和实践经验。同时，也为农村提供了更多优秀青年人才支持，促进了农村经济社会的发展和进步。

公务员招录政策优惠逐步完善，要求地（市）级以上党政机关录用公务员时，必须确保一定比例具有2年以上基层工作经验；同时，县及乡镇机关也应设立专门的职位，吸纳大学生参与村任职等基层项目。这一举措不仅有助于提高公务员队伍的专业素质和服务水平，也为年轻人提供更多就业机会，促进基层治理工作的有效开展。

事业单位为了吸引高校毕业生留在当地就业，推出了一系列招聘优惠政策。在项目结束后，高校毕业生可以参加各基层就业项目，自然减员空岗将优先考虑他们的录用。从2009年开始，乡镇事业单位服务满1年的高校毕业生，在岗位空缺的情况下通过考核后，将有机会签订不少于3年的聘用合同。同时，各省（区、市）县及县以上的事业单位在公开招聘工作人员时，至少40%的比例将聘用各基层就业项目服务期满且经考核合格的毕业生。这些政策为高校毕业生提供了更多就业机会，也促进了基层单位的发展和建设。

服务期满后，毕业生可享受升学优惠：报考硕士研究生初试总分额外加 10 分，优先录取。同时，高职（高专）学生可直接进入成人本科，无须参加入学考试。这些政策为毕业生提供了更多发展机会，帮助他们更快、更顺利地实现个人职业目标。通过不断优化教育体系，提高教育质量，为年轻人创造更广阔的成才路径，促进社会全面进步。

国家为参加基层就业项目的毕业生提供学费补偿和助学贷款代偿政策，帮助他们顺利完成学业。这一政策旨在支持毕业生走向社会，促进就业和人才培养的良性循环。毕业生只需符合相关条件即可享受这一优惠政策，为他们未来的发展提供必要的支持和保障。

在服务期结束后选择自主创业是一种积极的选择。政府为这些自主创业者提供了一系列支持政策，如减免行政事业性收费、提供小额贷款担保和利息补贴等。这些政策将为他们的创业之路提供了必要的支持和帮助，促进他们的事业蓬勃发展。

基层就业项目服务年限计入工龄，服务期满后转接社会保险关系。

案例赏析

2005 年，秦玥飞获得美国耶鲁大学全额奖学金，远赴美国留学。6 年后，他以优异成绩完成经济学和政治学双学位学业。虽然外界普遍期待着他踏上西装高薪的成功之路，但他却作出了意想不到的选择。年仅 26 岁的秦玥飞毕业后毅然回到湖南一个偏远小山村，开始了他作为一名基层村官的实干生涯。秦玥飞追寻的不是金钱和权力，而是实现自己对社会责任的承担。秦玥飞选择放弃个人的物质享受，投身到为乡村振兴和社会发展作出贡献的事业中，展现了一个年轻人应有的责任感和担当精神，同时也为社会传递了一种可贵的道德力量。秦玥飞用自己的实际行动诠释了人生的价值与意义。

他是一个身经百战的城市孩子，享受着教育的馈赠和成功的果实。毕业于美国耶鲁大学的他，没有选择在都市的豪华办公室里升职加薪，而是义无反顾地选择了到湖南衡山脚下的一个小山村担任大学生村官。他带着知识和技能，用心扎根于村民的生活中。在他的帮助下，小山村焕发出崭新的活力。不到一年的时间，他成功引进 80 万元现金，建起敬老院和其他多个公共项目。村民们感激地称他为“耶鲁哥”，他已成为村民们心目中的楷模和兄长。他用行动证明，才华无处不在，责任在心间。他的故事激励着更多年轻人积极参与乡村振兴的行列，为中国美好明天贡献自己的一份力量。

正式上岗的第一天，秦玥飞早上起床后犹如大学时代一般准备去洗漱。在前往澡堂的路上，他热情地与每个人打招呼。然而，中午时分，一些村民开始议论：“留过洋的人是看不起我们这里吗？”“早上洗澡，浪费水。”这些话让敏感的秦玥飞感到不安，他开始意识到村民并不在意他毕业于何方学府，而更关注的是他是否融入他们的群体。秦玥飞表示，自此他最渴望的就是“尽快融入村民群体”，并且再也没有一天洗两次澡。因为他明白，真正的融入不在于外表举止，而在于心与心的交流。

秦玥飞开始穿起老乡赠送的解放胶鞋，夏天选择花哨的T恤，但只在老人面前才展现这种穿着，希望通过固定颜色和样式，让村里的老人记住自己。一个月后，村民开始找他修电器、写信，甚至让他去地里帮忙。有些朋友称他为理想主义者，但他认为自己是“有理想的践行者”。面对种种困难，他从不惧怕，一一克服，寻找合适的方法，避免草率决策。秦玥飞的坚持与努力让他赢得了村民的尊重和信任，成了贺家山的一员。

村里准备修水渠，因为涉及各自利益，几个村民小组争得不可开交。秦玥飞自己掏钱买了几包烟，一次次上门做工作，张口一声伯伯，闭口一声叔叔，最后说通了大家。

“农村社会的复杂性超乎我的想象，但我觉得这是个大课堂，我不能把它看作不正常的现象。在村里做事遇到困难是正常的，只要学会去适应、学习、分析，就有可能找到解决方案。”秦玥飞说。

秦玥飞不仅是修水渠，更包括敬老院改造、街道硬化和信息化教学平台搭建。他从不草率行事，坚持做好每一个项目的预算和规划，绝不擅自作出决定。但只要是村民需要的，他决不推卸责任。他的行动深深感染着整个村庄，让人们看到了希望和改变。在秦玥飞的带领下，村庄焕发出勃勃生机，成为一个充满活力和希望的地方。他用实际行动践行着对村民的承诺，让他们真正感受到了尊重和关爱。

2013年秦玥飞被评为CCTV首届全国“最美村官”，2017年获得“感动中国2016年度人物”。

如今“耶鲁哥”已小有名气，但他说，在耶鲁的学习只是人生的一个阶段，“面对基层，面对村民，我仍是一个学生，所有的一切，都需要学习”。

二、应征入伍

（一）普通高等学校应届毕业生应征入伍流程

自2013年起，全国征兵时间调整至夏秋季，高校毕业生可提前登录“大学生应征入伍网上报名平台”进行报名。填写并打印《大学生预征对象登记表》和《高校学生应征入伍学费补偿国家助学贷款代偿申请表》，交至高校征兵管理部门。这一举措方便高校毕业生参与征兵工作，同时解决了学费补偿和国家助学贷款代偿的问题。通过以上措施，能够更有效地引导和管理高校毕业生参加应征，为国家建设提供更多优秀人才。

在毕业生即将离校之际，高校进行身体和政治审查，选出符合条件的学生作为预征对象。学校将协助兵役机关审核并盖章发放《大学生预征对象登记表》和《高校学生应征入伍学费补偿国家助学贷款代偿申请表》给毕业生，同时完成网上信息确认。所有审查工作将在7月15日前全部完成，以确保兵役登记流程进行。这一举措有利于保障国防建设需求，保障国家安全。毕业生应积极配合高校和兵役机关的工作，确保按时完成相关手续，履行公民义务。整个过程旨在提醒每位毕业生肩负起为国家建设和安全作出贡献的责任，培养爱国情怀和民族意识。

高校应届毕业生有两种方式可以应征入伍：一种是在学校所在地应征，另一种是在入学前户籍所在地应征。对于在学校所在地应征的毕业生，他们需要在完成初审、初检后同时进行体格检查和政治审查，以确保他们符合入伍条件。在毕业生离校前，学校所在地县（市、区）人民政府征兵办公室会为他们办理批准入伍手续。而对于选择在入学前户籍所在地应征的毕业生，则需要在7月30日前将户籍迁回入学前户籍地，并携带登记表和申请表到当地县级兵役机关参加实地应征。只有通过体格检查和政治审查，并且符合入伍条件的毕业生，才能在9月初由当地县（市、区）人民政府征兵办公室办理批准入伍手续。这一规定为高校应届毕业生提供了两种选择应征入伍的途径，充分考虑了他们在毕业、就业以及户籍等方面的实际情况。通过规范的程序和流程，不仅有助于毕业生顺利完成入伍手续，也为国家的国防事业和建设贡献着他们的力量。希望毕业生们能够认真对待这一重要的决定，为自己的未来和国家的安全发展贡献自己的一份力量。

（二）大学生应征入伍服义务兵役享受的优惠政策

1．服役期间享受的优惠政策

大学生入伍将享受一系列优先政策，包括优先报名应征、体检政审、定兵审批以及使用政策。此外，他们还能获得体检绿色通道。在选拔中，大学文化程度的青年将优先考虑，未批准这类人员入伍前，不会批准高中以下文化程度的青年。这些政策的实施旨在提高大学生入伍的意愿，同时确保他们在部队中的健康和素质达标。

大学生入伍后可享受各项优待政策，优待金由入伍所在地发放，其家庭也可享受军属待遇。户籍所在地将负责具体实施相关优待政策，以确保军人及其家庭得到应有的关心和支持。

大学毕业生可以通过不同途径成为军官，包括普通高等学校全日制毕业生应征入伍成为士兵后的选拔军官机会。这些选拔方式包括大学毕业生士兵提干、报考军队院校以及保送入学。这种制度为那些有志于从军事领域发展的年轻人提供了宝贵的机会，既能够充分发挥其专业能力，又能够为国家的国防事业贡献自己的力量。

大学毕业生士兵提干政策规定，具备本科以上学历，入伍 1 年半以上（取得学历和学位须服役两年以上），并在推荐的旅（团）级单位工作半年以上的士兵可以申请提干。同时，符合规定条件的士兵将被优先考虑提干。这一政策旨在鼓励更多有学历背景的士兵积极进取，提升士兵队伍整体素质，为部队建设注入新的活力。提干不仅是对个人成长的认可，更是对军队人才培养机制的不断完善。只有不断吸纳和选拔优秀人才，才能推动军队现代化建设取得更大成就。因此，大学毕业生士兵应当珍惜这一提升机会，不断努力提高自身素质，为更高层次的事业目标而奋斗。

士兵在取得全日制专科学历后，有机会报考军队院校进行本科学习。这种途径为士兵提供了一个更加广阔的发展空间，也是他们实现个人成长和职业发展的重要途径之一。报考军队院校需要符合一定条件，包括参加全国普通高等学校招生统一考试、经省招生办公室专科统一录取等。接受本科层次招生考试的士兵将进行为期 2 年的学习，在完成学业并合格后，他们将被列入年度生长干部毕业学员分配计划。整个报考流程遵循军队院校的相关规定和指导，涵盖了报考条件、考试组织以及录取办法等多个方面，旨在确保大学毕业生士兵能享有良好的学习环境和发展机遇。这一机制不仅赋予了大学毕业生士兵更多的选择权和提升空间，还有效地促进了他们的学习与发展。

大学毕业生士兵参加优秀士兵保送入学对象选拔，年龄放宽 1 岁，同等条件下优先列为保送入学推荐对象。选拔办法按照优秀士兵保送入学相关规定执行。具有本科以上学历的保送入学对象将接受为期 6 个月的任职培训，而具有专科学历的保送入学对象则将接受为期两年的本科层次学历培训。这一政策旨在鼓励优秀士兵进一步深造学业，提高综合素质，为个人职业发展打下坚实的基础。此举，旨在为优秀士兵提供更多升学机会，同时也有助于培养更多高素质的人才，为国家和社会的发展作出更大贡献。

重构后选拔士官应优先考虑具备全日制大专以上学历的士兵，提升部队整体素质。在同等条件下，同专业岗位的高学历士兵应获得优先选择机会。这一政策有助于提高军队的执行力和管理水平，加强士兵的职业发展和提高士兵的专业素养。培养高素质军官是军队建设的迫切需求，通过优先选拔高学历士兵，有利于推动军队现代化和专业化发展。提倡学历优先的选拔标准能够激励更多士兵努力学习，提高自身素质，为我军建设注入新的活力。

2．退役后享受的优惠政策

（1）保留入学资格或学籍。退伍军人可享受高校新生入学资格保留政策，即可在退役后两年内，在录取高校新生入学期间携带《保留入学资格通知书》和录取通知书，办理入学手续。这一政策旨在支持退伍军人顺利完成学业，顺利融入校园生活。对于那些曾在国防事业中作出贡献的人而言，这项政策是对他们辛勤付出的一种肯定和支持。

现在，许多现役军人或正在高等学府就读的学生，在服役期间仍保留着学籍。一旦退役，他们享有重新回校学习的机会，这是对军人教育的支持和鼓励。这项政策为军人提供了更多的学习机会和发展空间，让他们可以在军旅生涯后继续深造，为未来的职业生涯打下坚实的基础。

（2）享受学费补偿和国家助学贷款代偿。国家将为应届毕业生提供一定的经济支持，包括学费补偿和助学贷款代偿。为参加义务兵役的在校大学生提供学费补偿和助学贷款代偿。在校期间交纳学费的学生可享受学费补偿，退役后重新就读的学生可获得学费资助。每年每名在校生可获得最高不超过 6 000 元的补偿或代偿金额。这一政策旨在鼓励更多年轻人积极投身国防建设，同时保障他们的教育权益。这一举措，不仅能够支持有志于国防事业的学生，也能够缓解其经济压力，让他们更好地完成学业。这种以教育为重点的国防建设模式，有助于培养更多全面发展的人才，为国家和社会的发展注入更多活力。

（3）大学生士兵退役后享受升学优惠政策。高职（专科）学生入伍经历可作为毕业实习经历。退伍大学生士兵入学或复学后，应免修军事技能训练，直接获取学分。这不仅节省时间，也能更好地帮助他们顺利融入学校生活，提高就学效率。普通高校应届毕业生应征入伍服义务兵役后，退役三年内可参加全国硕士研究生招生考试。对于参加过义务兵役并退役的学生，初试总分将额外加 10 分；而获得立二等功及以上荣誉的学生则可以免试攻读硕士研究生。这一政策鼓励青年积极投身国防事业，为国家建设贡献力量的同时也为他们的学术发展提供了更多机会和支持。

退役军人拥有高职学历的，可直接免试入读成人本科或通过一定考核进入普通本科阶段；荣立三等功以上奖励的军人，完成高职学业后也可直接升入普通本科。这一政策旨在激励退役军人继续深造，提高他们的学历水平，为他们未来的就业和发展提供更多可能性，也体现了社会对军人的尊重和关爱。

高校毕业生退役后报考政法干警招录培养体制改革试点招生时，教育考试笔试成绩总分将额外加 10 分。这一政策旨在激励更多优秀青年投身政法干警队伍，提升队伍素质，更好地维护社会稳定与法治秩序。同时，也为退伍士兵提供了更多就业机会和发展空间，展现了社会对军人的尊重和关爱。

（4）大学生士兵退役后享受就业安置优惠政策。高校应届毕业生入伍服义务兵役退役后一年内，可享受就业优惠政策。他们可以凭借用人单位录用手续，向原就读高校再次申请办理就业报到手续，户口档案也可以随迁。这一政策为退役士兵提供了更多的就业机会，让他们重新融入社会，实现自身的发展和价值。同时也体现了社会对退役士兵的尊重和关爱，为他们的复学和就业提供了便利和支持。退役 1 年内的自主就业退役士兵可按规定免费参加教育培训。为支持退役士兵就业创业，政府对其从事个体经营给予税收优惠。在城市维护建设税、教育费附加和个人所得税方面，退役士兵可享受 3 年内的限额减免政策，每户每年限额为 8 000 元，最高可增加 20%。这一政策旨在激励退役士兵积极投身创业，减轻其经济压力，同时也为其提供了更多的机会和支持。

国有企业在招聘时应保障一定比例的岗位给退役士兵相应机会，让其在公平竞争中获得岗位。这既是对国家政策的支持，也是对军人的尊重，通过公开竞争，选拔最适合的人才，提高企业整体素质。这样的做法不仅有利于退役士兵的就业，也可以有效发挥企业的人才优势，促进企业的可持续发展。

依照国家规定，军人退役后将领取退役金。县级以上地方政府接管资金，并根据当地实际情况提供经济援助。政府应组织军人参加职业教育、技能培训，通过考核后颁发学历证书、职业资格证书，并协助其就业。这一政策旨在帮助退役军人顺利过渡到社会生活，充分利用其专业技能，促进就业机会增加，提高生活质量。为了落实这一政策，地方政府需要积极推动并有效执行，让更多的退役军人受惠，实现军民共赢的目标。

在选派乡镇补充干部、基层专职武装干部时，应优先考虑退役大学生士兵。针对返乡务农的退役大学生士兵，鼓励他们按照法定程序积极参与村居“两委”班子的选举，发挥自己的优势作用，服务乡村发展。

三、公务员

国家公务员是各国负责管理经济社会秩序和公共资源，维护法律执行的重要人员。在中国，公务员必须依法行使职权，纳入国家行政编制体系，享受国家财政提供的工资和福利。根据职位性质和管理需要，公务员职位划分为综合管理类、专业技术类和行政执法类等。对于一些具有特殊性质的职位，国务院可以根据《中华人民共和国公务员法》的规定，单独设立其他类别。公务员不仅需要具备专业知识和技能，还需要忠诚执行国家法律，服务人民群众，维护社会和谐稳定。他们的工作责任重大，需要具备较高的政治素养和职业道德。因此，选拔和管理公务员十分重要，要坚持公平、公正原则，严格按照法定程序选拔和任用人才。同时，公务员应当不断提升自身素质和能力，不断适应社会发展的需要，为国家和人民的利益贡献自己的力量。国家公务员是国家管理系统中的中坚力量，他们的表现直接关系到国家政府的形象和效率。因此，建设一支忠诚、廉洁、高效的公务员队伍，是实现国家治理现代化的重要一环。只有具备高素质的公务员队伍，才能更好地为国家和人民服务，推动经济社会发展取得更大成就。

1994 年 8 月 19 日，中央国家机关首次招考公务员，标志着公务员制度的正式建立。截至 2022 年年底，全国公务员人数已达 894.2 万人，他们为促进国家发展和服务民生发挥着重要作用。

（一）参加公务员考试的报名资格条件

《中华人民共和国公务员法》第十三条要求公务员应当具备下列条件：

（1）具有中华人民共和国国籍；

（2）年满十八周岁；

（3）拥护《中华人民共和国宪法》，拥护中国共产党领导和社会主义制度；

（4）具有良好的政治素质和道德品行；

（5）具有正常履行职责的身体条件和心理素质；

（6）具有符合职位要求的文化程度和工作能力；

（7）法律规定的其他条件。

根据《中华人民共和国公务员法》第二十五条规定，报考公务员除了需符合法定条件外，还需满足拟任职位所要求的资格条件。这些资格条件包括公务员招考公告中规定的原则性资格规定和具体职位的资格条件限定，如学历、专业、英语计算机等级证书、资格资质证书、政治面貌等。公务员招考的要求旨在保证招聘的公正公平，确保招聘到具备必要素质和能力的人员加入公务员队伍。公务员是国家行政管理系统中的重要组成部分，其选拔标准和程序直接关系到国家治理体系和治理能力的现代化水平。因此，只有确保招录的公务员都具备相应资格和能力，才能更好地履行职责，为国家和人民服务。作为公民，报考公务员不仅需要具备基本法定条件，更需要认真审视招考公告中的资格条件，确保自己符合拟任职位的要求。这不仅是对公务员职业的尊重，更是为了维护公务员队伍的素质和形象，为国家建设和发展贡献力量。

《中华人民共和国公务员法》第二十六条规定了下列人员不得录用为公务员：

（1）因犯罪受过刑事处罚的；

（2）被开除中国共产党党籍的；

（3）被开除公职的；

（4）被依法列为失信联合惩戒对象的；

（5）有法律规定不得录用为公务员的其他情形的。

《中华人民共和国公务员法》规定了报考公务员的基本资格条件，但实际报考时还需根据当年招考公告中的详细要求来确定是否符合条件。各省公务员考试也会在公告中列出更为具体的条件，包括《中华人民共和国公务员法》未明确规定的条件。因此，想要成功报考公务员的考生必须仔细阅读招考公告和相关报考指南，以确保符合所有要求。只有深入了解当年的招考政策，才能准备充分，提高通过考试的机会。

（二）公务员考试内容

公务员招考是一个系统而综合的选拔过程，主要包括笔试和面试两个环节。笔试分为公共科目和专业科目，公共科目考《申论》和《行政职业能力测验》，考试总分为350分。《申论》和《行政职业能力测验》各占100分，专业科目占50分，面试占100分。这些考试由中华人民共和国人力资源和社会保障部、省（自治区、直辖市）人力资源和社会保障厅，党委组织部统一组织实施，确保考试的公平和透明。而专业科目考试、面试则由各用人单位根据人事部的规定进行组织，以确保招聘的人才符合岗位的要求。通过这一严格的选拔过程，可以有效地筛选出优秀的人才，

1．笔试

公共科目笔试是国家公务员考试中不可或缺的一部分，主要包括《行政职业能力测验》和《申论》两科。其中，《行政职业能力测验》主要考查报考者在言语理解与表达、数量关系、判断推理、常识判断和资料分析等方面的能力，是考查报考者从事公务员职位必备潜能的重要途径。这一科目的试题均为四选一的客观性试题，考试时间为120分钟，满分100分。另一科目《申论》则着重测试报考者对所给材料的分析、概括、提炼和加工能力，以及解决实际问题的能力。该科目的试题涉及特定的社会问题或现象，全为主观试题，考试时间为150分钟，满分100分。过去，国家公务员考试的省部级与地市级试卷只在《申论》这一科目上有所区别，而《行政职业能力测验》的试题内容是一样的。但自2015年起，《行政职业能力测验》分为省部级和地市级两类试卷。除了公共科目外，考笔试的招考单位还会根据实际专业技术工作的要求，设置专业科目。这些专业科目包括政法、综合管理、经济管理、财务管理和信息管理共五大类，以更加全面地考查报考者的专业知识和能力。这一设置不仅让考试更具针对性，也为各个专业领域的人才选拔提供了更多机会。总的来说，公共科目笔试在国家公务员考试中扮演着至关重要的角色。这两科目的考试，能够全面地考查报考者的各项能力和素质，从而选拔出真正适合从事公务员职位的人才。专业科目的设置，更加贴合实际工作需要，为单位招录到更为优秀的专业人才打下基础。公共科目笔试的改革与完善，将有助于提高国家公务员队伍的整体素质和能力水平。

2．面试

面试在招聘过程中扮演着至关重要的角色，分为常规面试、情景面试和综合面试三种形式。常规面试主要是通过问答方式来评估应聘者的综合素质，包括回答问题的能力、仪表仪态、身体语言等。情景面试是通过模拟真实工作场景来考察应聘者的团队合作能力、沟通技巧等。应聘者需要通过领导小组讨论、演讲、答辩等方式来展现自己的综合素质。综合面试结合了以上两种形式的特点，在内容上更加重视与工作职位相关的知识技能和其他素质。通过综合面试方式，招聘者可以全方位地了解应聘者的能力和潜力，为招聘决策提供更多维度的参考。

面试是一种双向选择的过程，不仅是应聘者展示自己的机会，也是企业了解应聘者是否适合岗位的机会。因此，应聘者在面试前应作好充分的准备，展现出自信、专业和积极的态度，以期取得成功。

3．心理测试

心理测试是一种科学的方式，通过测试对个体的智能、气质、兴趣、性格、价值

观和情感等特征进行评估。在公务员录用考试中，一些特殊岗位如海关官员、法官审判员、司法行政人员和公安警员等需要进行心理测试。这是为了确保这些公务员在特殊工作环境下具备抵抗压力和挑战的能力，以及符合相关要求和标准。通过心理测试，能够更全面、客观地评估应聘者的心理素质和适应能力，从而有效地筛选出最适合岗位的人才，确保他们能够胜任工作并为社会作出积极贡献。心理测试在公务员招录中具有重要意义和价值。

4．考察

招考单位通过考察来评估应聘者的综合素质，了解其政治思想、道德品质、遵纪守法、自律意识、能力素质、工作态度和表现等方面。按照德才兼备的原则，确保录用人员符合岗位要求，有助于建立一个高效的工作团队。考察方式多样，包括资格复审等方式，旨在全面了解被考察对象的情况，同时也可以避免潜在的问题或不良情况。通过考察，招考单位可以更好地选择适合岗位的人才，提升工作单位整体素质和竞争力。

5．体检

体检是指按照国家规定的项目和标准，在指定的医疗机构接受检查。体检有助于及早发现健康问题，保持身体健康。选择二级甲等以上医疗机构进行体检，能够确保检查结果的准确性和可靠性，为个人健康提供有力保障。定期体检是维护健康的重要手段。

选择成为一名公务员是建立在对中国社会现实的理性认识之上的，政府机构在社会中占据着重要地位，提供了稳定的工资、住房等物质利益，同时也能够获得社会地位和声誉等非物质收获，因此，公务员考试竞争激烈。作为大学毕业生，应该积极参与竞争，但也要认识到并非每个人都适合从事公务员工作。个人的兴趣、性格，以及知识结构等因素都会影响这个选择，因此大学生在作出决定时需要理性思考和选择。大学生应该对自己进行深入的分析，明确自己的职业规划，并意识到成为公务员并不意味着立即成为官员。在社会地位和他人尊重的获取途径中，并不仅仅只有从政一条路。随着社会的发展，个人的能力和对社会的贡献会变得越来越重要，大学生需要深思未来的发展方向和目标，合理规划自己的职业生涯。在选择是否从事公务员工作时，大学生应该充分考虑自身条件和未来发展方向，避免盲目跟风，要有清晰的职业规划和目标。

四、选调生

选调生是指各省党委组织部门有计划地选调优秀大学毕业生到基层工作的特殊群体，他们是未来党政领导干部的培养对象，也是县级以上机关需要的高素质人才。选调生具有较高的品德和学识，能够快速适应基层工作环境，为地方发展注入新的活力。他们在基层一线工作，可以了解社情民意，增长扎实的工作经验，为将来更好地为人民服务奠定基础。通过选调生计划，各地政府能够提前发现并培养优秀人才，为各级党政机关的建设提供了重要支持。

2000 年，中共中央组织部发布了有关选调应届优秀大学毕业生到基层培养锻炼工作的通知，为进一步做好“选调生”工作提供了明确要求。2009 年，中共中央组织部等 12 部委发布了《关于建立选聘高校毕业生到村任职工作长效机制的意见》，对选调生政策进行了重要调整。新的政策要求不再只是从高校应届毕业生中招考选调生，而是主要从具有 2 年以上基层工作经验的大学生村官及其他到基层工作的高校毕业生中挑选。这一变化彰显了中央在基层一线培养选拔干部的用人导向，同时也传递出一个明确的信号：高校毕业生将面向基层就业，用人单位将从基层一线培养人才的新机制将逐步建立和完善。

作为一个优秀的培养品牌，选调生在各级组织和用人单位中备受欢迎，逐渐成为干部队伍的中坚力量。虽然选调生属于公务员系统，但与普通公务员相比，他们有一定的区别。选拔优秀的年轻干部，可以为各级政府机构注入新鲜血液，促进工作的创新和发展，更好地适应社会变革的需求。因此，应该加大对年轻干部的培养和选拔力度，为他们提供更多的成长机会和发展空间，培养更多优秀的选调生，为党和国家建设培养更多优秀的接班人。

选调生与公务员的选拔不同，具体有以下几点。

（一）报名条件不同

报考选调生需要符合一般国家公务员的条件，同时必须具备良好的政治素质，有志于从事党政工作，并具备发展潜力。主要选拔本科生和研究生中的共产党员、优秀学生干部，其中，本科生普遍要求是应届毕业生、中共党员和学生干部，三者必须具备。研究生的条件相对灵活，通常只要求是中共党员和应届毕业生。在选拔过程中，重点考察候选人的政治素质、能力水平和个人潜力，以保证选调生的质量，为党政工作输送优秀人才。相比之下，公务员的报名条件则更为宽泛，主要关注报考者的国籍、年龄、学历、政治素质、身体条件等基本要求。

（二）培养目标不同

选调生培养主要针对党政领导干部和县级以上机关高素质人才，而公务员招考则通常针对非领导职务国家公务人员。前者是为了选拔未来的领导人才，后者则是为了填补基层工作岗位。两者在选拔对象和培养方向上存在明显的区别，但都是国家人才培养计划的重要组成部分，为政府部门和国家建设提供重要的人才支持。

（三）选拔程序不同

选拔选调生和公务员的方式各有侧重。选调生的选拔注重本人自愿、院校党组织推荐和考试考核相结合，而公务员录用考试则主要包括笔试和面试，不需要院校党组织推荐。在面试环节上，选调生由各市委组织部负责组织，而公务员面试则由当地人事局承担。这种分工的方式旨在确保选拔过程的公平公正，同时也充分考虑应试者的意愿和能力，为国家和地方政府选拔优秀人才提供了有效的保障。

（四）培养管理的措施不同

选调生是国家选拔的优秀青年才俊，到基层工作时，会接受各种形式的培训，包括岗位培训和脱产轮训。尤其是在基层工作期间，他们至少需要参加一次长达3个月的脱产培训，以提升专业素养和工作能力。而相比之下，公务员则主要通过岗位培训来提高自身水平，刚开始工作时往往没有脱产培训安排。选调生的培训机制更注重全面发展，旨在使其在基层工作中更加胜任，为国家和社会作出更大的贡献。

（五）管理使用有所差别

选调生是省委组织部培养的干部后备力量，通过在基层锻炼来提升能力。其人事管理权由省委组织部管辖，委托接收单位进行评估考核。调动范围涵盖全省范围内的各级党政机关、事业单位和人民社团。可以说，选调生身份具有特殊性，在这个过程中，他们将接受严格的考验，培养出色的领导才能，为未来的工作作好充分准备。

公务员是一种针对特定职能的职位，其人事权通常由所属单位的人事机构、上级单位的人事机构或人事厅所管理。

（六）发展前景有所差别

选调生是党政机关后备干部队伍的精英，由组织部门选拔培养；而招考录用的公务员则是机关中普通员工，从事一般行政岗位工作。前者在能力和潜力上都有着更高的要求，被视为未来领导人才的重要储备力量。

选调生是干部队伍中涌现出的优秀年轻干部之一，拥有比一般公务员更快的提拔速度。因此，组织部门一直将选调生工作视为培养优秀年轻干部的重要途径。选调生制度的建立，为年轻人提供了一条快速晋升的途径，也为干部队伍的更新换代注入了活力。

五、考研

随着我国高等教育规模的不断扩大，硕士研究生入学考试日益升温，2023年全国报考硕士研究生的人数已达474万。越来越多的本科毕业生选择考研，其中一个重要原因是研究生就业前景较本科生更好，这也促使许多学生将考研视为一条出路。即使就业前景较好的热门专业学生，也有相当比例的毕业生选择继续深造的道路。考研已经成为许多学子为实现自身发展目标而不懈努力的一种途径，也为他们提供了更广阔的发展空间。

（一）制度规定

研究生教育是我国国民教育中的高等教育，分为硕士研究生和博士研究生两个层次。硕士研究生的招生对象主要包括应届本科毕业生、本科毕业人员以及具有相同学力水平的人员。目前，我国硕士研究生分为专业学位研究生和学术型研究生两种类型，不同类型拥有不同的培养目标和课程设置。通过研究生教育，培养高素质的专业人才和学术研究人员，为国家建设和发展提供人才支持和智力支持。

1．按学习方式划分

硕士研究生分为全日制和非全日制两种。全日制硕士生在高校和科研机构全日制学习，而非全日制硕士生在学习期间要同时承担原工作岗位的工作任务。两者学习方式存在差异，但都是为了提升自身能力和知识水平。无论选择哪种方式，都需要克服困难，努力学习，才能取得学业成就。因此，无论是全日制还是非全日制，都应该珍惜学习机会，努力奋斗，为未来的发展打下坚实的基础。

2．按录取类别划分

硕士生录取分为非定向就业和定向就业两种。参加单独考试的考生只能被录取为定向就业硕士研究生。定向就业的硕士研究生在录取前必须与招生单位、用人单位签订定向就业合同，毕业后回定向单位就业。非定向就业硕士研究生毕业时采用毕业研究生与用人单位“双向选择”的方式落实就业去向，相关手续由招生单位及省级毕业生就业主管部门办理。这样的规定旨在保障硕士生在毕业后顺利就业，同时确保用人单位和毕业生双方的利益。通过签订定向就业合同，可以更好地对毕业生进行管理和指导，提高毕业生的就业质量和就业匹配度。这种模式不仅对高校和学生有益，也有助于用人单位更好地选聘人才，实现人才与岗位的精准对接。

3．按照培养目标和培养方式划分

研究生根据学术型和专业型可分为两类。虽然专业学位和学术学位地位相同，但目标和培养方法不同。因此，教学方法、内容和学位要求各有侧重。

学术学位和专业学位有着不同的培养目标和定位。学术型学位注重理论和研究，培养大学教师和科研机构的研究人员；而专业学位则侧重专业实践和应用，培养具备高水平专业技能的人才。两者各有侧重，但都是为了满足社会对不同领域人才的需求。学术型学位注重培养深度思考和研究能力，专业学位则更加注重实践操作和解决实际问题的能力。两种类型的学位在不同领域都有其独特的价值和意义，为社会培养了多层次、多方面的人才，为社会发展作出了积极的贡献。

4．按照考试方式划分

硕士生入学考试分为初试和复试两个阶段。初试有全国统一考试、联合考试、单独考试和推荐免试四种类型。每个阶段都是对学生综合能力和专业知识的考核，是选拔和选招学生的重要环节。通过考试，学校能够更好地了解学生的学术水平和潜力，有助于选招到合适的研究生。

为了确保全国统一考试的公平性和准确性，教育部决定组织部分考试科目的命题工作。这些科目包括政治理论课、外国语、基础课以及专业基础课。这些科目的考试则成了研究生入学考试的初试内容。同时，复试阶段也是研究生考试中不可或缺的重要组成部分。这一系列的考试环节，可以更好地评估考生的学术水平和能力，保证选拔出合格的研究生。

联合考试是由教育部批准的一种考试形式，旨在全国范围内统一（或联合）命题；单独考试则是由部分招生单位为特定报名条件的在职人员而组织的考试，须经教育部批准。另外，推荐免试是高等学校按照规定推荐优秀应届本科毕业生参加的选拔方式，被认定免去初试环节，直接进入复试。复试环节是进一步考查学生的思想品德、英语口语、专业知识、综合素质和能力的重要环节，由招生单位自行确定具体的办法、方式和程序。通过这些不同形式的考试，招生单位可以更全面地了解考生，在选拔录取中进行科学、公正的评估和决策。这些形式多样的考试机制，不仅帮助提高教育质量，也有利于选拔出更符合学校要求的优秀人才，促进高等教育的发展。

教育部对研究生入学考试的规定一直在不断地修改和完善，以适应时代的发展需求。例如，近年来，34 所高校开展了自主确定复试分数线的改革试点，实行了 120% 的差额复试比例，取消了考试报考时出示单位同意报考的证明等措施。此外，针对参加统一考试的应届本科毕业生和非应届本科毕业生，教育部还制定了同样的进入复试最低分数线，各单位可以根据学科专业培养需求自主确定对应届毕业生与非应届毕业生复试分数线是否有所差别。对于有意考研的学生来说，了解这些制度和规定是非常重要的。他们可以在网上轻松查询到教育部每年最新出台的相关规定，以便提前准备。考研不仅需要有扎实的基础和专业知识，还需要了解考试制度的变化，以便适应并取得更好的成绩。研究生入学考试的改革旨在选拔更符合学科专业培养需求的优秀学生，提高研究生教育的质量。这些改革措施的实施，为广大考研学生提供了更多机会和选择，帮助他们更好地规划自己的未来发展。因此，考生不仅要注重学业的积累，更要关注考试规定的变化，时刻准备应对考试的挑战，争取取得令人满意的成绩，进入理想的研究生院校。

（二）专业与学校的选择

考研选择专业和学校是一个至关重要的决定，直接关系到个人未来发展和生涯规划。在众多考生中脱颖而出需要精准选择，综合考虑个人兴趣、职业发展前景和学校实力等因素，作出明智决策。要避免盲目跟风，应该深度思考自己的定位和目标，不被外部压力左右，关注最符合自身发展需求的选择。在千军万马的考研竞争中，只有找到最适合自己的路径，才能在独木桥上稳步前行，为未来的人生之路打下坚实的基础。

1．专业的选择

在考研之前，选择专业比选择学校更为重要。专业应当符合个人兴趣和职业规划，才能更好地实现自己的目标和梦想。考生应当慎重选择专业，确保与自身发展方向相符。选择合适的专业是考研成功的第一步。

考研专业分为热门和冷门两大类，热门专业就业前景较好，竞争激烈，难度较大；而冷门专业就业前景一般，报考人数不多，录取门槛低，考取相对容易。在选择报考专业时，无论是热门还是冷门，都应该搞清楚这个专业的具体内容和发展前景。不能只看专业名称，而应该深入了解该专业所涉及的知识、职业方向和就业市场需求，避免出现望文生义的情况。热门专业虽然就业前景较好，但竞争激烈，需要具备较高的专业素养和能力；而冷门专业虽然录取门槛相对较低，但就业前景较为艰难，需要考生在选择之前充分考虑自己的兴趣和能力，确定是否愿意走这条道路。因此，无论是选择热门还是冷门专业，都应该根据自身兴趣和能力作出合理的选择，不盲目跟风，坚持理性思考，找到最适合自己的道路，为将来的发展打下坚实的基础。

专业选择要考虑的因素，包括两个方面：一是能力，二是兴趣。

在选择专业时，必须充分考虑自身能力和兴趣。比如金融学这个专业，固然有着高薪、名利的诱惑，但如果自己对数学不擅长，选择这个专业可能并不明智。因此，应该认清自己的优势和劣势，选择适合自己的专业方向，才能在未来的学习和工作中取得真正的成就。不要被眼前的诱惑迷惑，理性地选择适合自己的道路，才能步步为营，实现自己的人生理想。同时，对于每一个人来说，不断提升自己的能力也是至关重要的，只有不断学习和进步，才能在未来的竞争中立于不败之地。

在选择专业时，要考虑自己的兴趣爱好。兴趣是最好的老师，因此，应该选择喜欢做的事情。选择喜欢的专业不仅可以使工作更加轻松愉快，而且也能激发个人潜力。因此，在作出决定之前，要深入思考自己的兴趣所在，以确保在未来的职业生涯中走上最适合自己的道路。

选择一个专业要考虑两个重要因素：第一，要了解该专业的就业前景和具体内容；第二，客观地评估自己的兴趣和能力。只有找到与自己兴趣契合的领域，才能实现个人价值和事业有成。因此，对于每个人来说，职业规划应该是慎重而有计划的。

2．院校的选择

选择适合自己的院校至关重要，它直接影响着未来就业和升学。重点院校和一般院校择校标准有所不同，因此需要慎重考虑。除了学校的名气，还要考虑未来发展方向和生活地点。综合考虑个人意愿和未来规划，选择适合自己的院校。不同院校会带来不同的人生体验和发展机会，选择一所合适的院校对个人发展至关重要。确定选择院校时，需综合考虑多方面因素，谨慎抉择。

考研是决定个人未来发展的关键一步，选择合适的大学至关重要。高昂的读研成本需要我们理性对待，只有选择一个能够实现个人抱负的学府，才能在备考过程中保持动力，读研时保持激情。慎重选择，确保自己的理想与抱负与所选择的大学相契合，才能在考研之路上走得更加坚定和顺利。

考虑到未来就业和职业发展，学生应该审慎选择目标专业和对应的院校。院校和专业的匹配度非常重要。通常来说，考取名校名专业难度最大，但就业前也非常好；名校普通专业考取难度较小，就业前景同样不俗；一般院校中考取名专业难度较大，但就业机会较好；而一般院校中选择普通专业，考取难度相对较小，但就业前景一般。学生可以参考这些特点，灵活地选择适合自己的专业和院校组合。最终目标是为了获得更好的就业机会和职业发展，因此选专业时要慎重考虑。

在选择考研目标院校时，个人的能力是至关重要的因素之一。必须确保所选择的院校不仅符合个人抱负，还要与自身能力相匹配，避免选择难度过高的院校，导致难以被录取的结果。理想的目标院校应该位于个人能力和抱负的交会点，这样才能确保在考研过程中有实际考上的机会。因此，考生在确定目标院校时，需要综合考虑个人实际水平和志向，量力而行，才能找到最适合自己的择校策略，实现考研的最终目标。

未来选择就业城市时，应考虑在哪里就读高校。比如想在北京就业，可选择北京的高校，这样熟悉环境，人脉资源丰富，找工作更容易。城市与学校的选择应相互匹配，有助于提升就业竞争力。就业不仅关乎个人发展，也涉及未来生活质量。因此，在规划未来工作地点时，务必慎重考虑选择合适的学校，为自己的职场之路奠定良好的基础。

考研选择目标院校时，应根据自身所学专业特点、兴趣爱好和学习情况来选择，而非被外在非理性因素左右。正确选择院校专业是考研成功的关键一步，决定着考研之路的前进方向。只有合理确定目标，在专业领域深耕，才能在激烈的竞争中脱颖而出。对于每个考生而言，慎重思考、理性选择才能保证未来的发展方向和职业规划的顺利实现。要清楚明确自己的兴趣与擅长，量力而行，坚定选择适合自己的院校专业，才能在考研之路上走得更稳、更远。

（三）考研的建议

1．低年级阶段该做什么准备

每个大学生并非必须考研，但如果有考虑，提前作好决定和设定清晰目标至关重要。有些学生从大二开始就在思考考研的问题，甚至有些学生刚踏进大学校门就已经为考研做好了准备，包括收集学校和专业信息，有意识地加强英语、政治、数学等公共课或专业课的学习等。通常真正决定是否考研、什么时间考研以及何时开始准备，这是一项需要对自己大学生涯进行规划的课题。通过问问自己喜欢什么，给自己的大学生活设计一幅图，可以减少盲目性，增加精彩度。也许最初的设计并不理想，但每天的经历将给予机会进行调整。相信每天的努力都会有收获。生活中的点滴积累将为未来的决定提供参考，为自己的人生画上精彩纷呈的篇章。

2．如何收集复习资料

在备战研究生考试之际，积极收集目标学校的考试样题是至关重要的。通过研究样题，了解考试内容和难度，为备考提供指导。此外，向在校学生和教师请教经验也是必不可少的。他们的建议和经验能够帮助我们更好地准备考试。在选择复习资料时，要根据自身情况结合政治、数学、英语等基础科目的复习资料和专业课复习资料，有针对性地进行复习，提高备考效率和成功率。深入了解考试要求和内容，有计划、有步骤地进行复习，才能更好地备战研究生考试，为理想的未来铺就坚实的基础。

在备战考研的过程中，与所报考的专业进行亲密联系十分必要，以获取关键的考试信息。这些信息包括实际报考人数和招生规模、考试内容和大致范围等。若选择报考本校，通常获取这些信息相对容易。若报考外校，如果距离不远，有必要亲自前往学校咨询，感受学术氛围和水准，结交导师和同窗，从中汲取宝贵经验。另外，也可通过同学、朋友、老师等渠道获取信息。

3．保持良好的状态

考研之路充满坎坷艰辛，不仅是脑力的挑战，更是体力和心理的考验。时间紧迫，每一分每一秒都显得格外宝贵，复习的强度必然巨大。因此，考生在开始考研之前必须做好充分的心理准备，坚定信念，克服困难，勇往直前。面对挑战，只有坚定的决心和勇气才能战胜一切困难，最终取得成功。

考研并非一蹴而就，需要持久战的耐心和坚持。在备考过程中，除了重视学习外，也要注意饮食营养和体育锻炼，保证身心健康和充沛的战斗力。调节好身心，科学合理地制订复习计划，有规律地工作和休息，才能确保取得成功。持之以恒的努力和周密的准备是考研路上最关键的法宝。

生活的意义并不在于考研，而在于我们如何享受和体验生活本身。考研只是通往成功的一种途径，并不是唯一的选择。很多人并没有考研也过上了自己想要的生活。因此，我们应该正确看待考研，不要把它看作生活中最重要的事情。不管是成功还是失败，考研经历都会成为宝贵的财富，让我们成长和学会更多。最终，我们要明白，重要的不是结果，而是我们在奔波途中所收获的一切。

六、出国留学

尽管现代社会的信息技术发达，可以通过媒体和互联网了解到发达国家的方方面面，但这种表面的了解远不及亲身留学体验所带来的深刻感受。留学生活不仅能够开阔视野，更能让人真实地感受到多元文化的融合与碰撞，锻炼独立思考的能力，培养坦然面对胜利和失败的心态，并以更宽广的视野了解人脉和社会。走出去，放眼看世界，对每一位青年学子来说都是提高自我的绝佳机会。在这个过程中，可以真正感受到跨越国界的交流和学习带来的成长，从而更好地适应多元化的社会环境，走向更加充实和成熟的人生。因此，留学不仅是一次学习经历，更是一次人生的挑战和历练。

（一）大学生出国留学的基本要求

留学生申请时须满足不同国家的要求，主要包括成绩、外语能力和资金三方面。虽然要求各异，但总体而言，这三个方面是留学申请的重要指标。

1．成绩要求

留学申请程序通常包括大学四年成绩单和教授签写的推荐信。绝大多数学校都非常重视绩点，将其视为决定录取的关键因素之一。此外，留学申请往往需要面试，扎实的专业知识是留学申请的基石。留学生需要展现出对专业的充分了解和研究兴趣，以使导师对其能力和潜力有更深入的认知。因此，认真准备面试前的学术知识，能够从容应对导师的提问，是成功留学申请的关键因素。

2．外语要求

申请美国留学通常需要通过托福、GRE 或 GMAT 等考试。申请英国、澳大利亚、新西兰、加拿大等国的留学需要通过雅思考试。无论选择哪个国家，考试都是必不可少的一步。通过这些考试，学生可以展示自己的语言能力和学术水平，从而提高申请的竞争力。因此，考生需要提前了解目标国家的留学要求，并作好充分的准备。

3．资金要求

在美国留学，没有奖学金的学生需要提供至少一年全部费用的资金证明。国内银行，如中国银行、中国工商银行、中信银行等，均可办理此项业务。留学生活，不仅需要学习和适应新的环境，也需要家庭的经济支持和规划。在准备留学资金时，学生和家长需提前做好充分的经济规划，还需了解并遵守相关资金证明的规定，以确保申请顺利通过。

（二）获取留学信息的渠道

调查数据表明，学生和家长获取留学信息的主要途径包括网络、报纸、熟人介绍和各类活动。教育是一种无形的产品，因此留学信息的分享更多依赖口碑传播和熟人推荐。在中国，学生和家长通过非公众媒体平台来获取留学信息，其中熟人介绍是主要渠道之一。此外，一些人也通过平面媒介或参与留学活动来了解相关信息。亲朋好友的亲身体验和推荐，对于选择留学目的地和学校起到至关重要的作用。因此，在留学选择过程中，熟人介绍和口碑相传是不可或缺的重要信息来源。

留学是一项重要的决定，对个人和家庭都有深远影响，因此大多数人会十分谨慎地对待。如今，网络已成为获取各种信息最便捷、最全面、最权威的渠道之一。然而，网络上的信息繁多杂乱，有效筛选变成了留学生面临的挑战。为了解决这一难题，越来越多的新途径进入留学生的视野。通过这些新途径，他们不仅可以获取更加权威的信息，还可以在海量信息中更快速、准确地找到所需的内容。

随着海外留学越来越普及，教育展成为许多学生了解出国留学的新途径。其中，教育部组织的北京春季和秋季国际教育展是最具权威性的展会之一，其次是一些代理机构组织的教育展。商业出国服务机构利用多年的经验和丰富的资源，每年举办春季、夏季和秋季全国巡回教育展，吸引了众多来自热门留学国家的优质教育资源。教育展上，参展的海外院校常会派遣院（系）教授、招生负责人亲自到场，向学生介绍最新的专业信息、招生名额、奖学金、助学金等。对于学生来说，这是了解学校信息、选择专业的绝佳机会。与此同时，参展者还能通过与教授们交流，提升口语表达能力，提高人际交往技能。教育展上还会举办各种与留学相关的讲座，为准备出国留学的学生提供直接获取信息的平台。这些讲座涵盖了留学申请、签证办理、留学生活等方方面面，帮助学生全面了解留学相关信息，作出更为明智的决策。总的来说，教育展不仅是学生了解海外教育机会的重要途径，也是他们提升自身能力、获取实用信息的有效平台。通过参加教育展，学生可以更好地规划自己的留学之路，实现个人成长和职业发展的双赢。

学校网站和各国使馆网站是权威的信息发布平台。学校网站为学生提供最详细、准确和权威的信息，而各国使馆网站则提供有关留学国家的签证政策等重要信息。然而，语言障碍限制了大多数家长和学生获取第一手信息的能力。因此，选择委托有资质、信誉良好的代理机构申请签证是个省时省力的选择。代理机构可以帮助家长和学生获取官方信息、解答疑问，并协助完成签证申请流程。通过代理机构的专业服务，家长和学生能更轻松地完成签证申请，确保一切顺利。这种方式不仅能够节省时间，还能够避免因信息不全面导致的问题。在留学过程中，选择合适的代理机构是非常明智的决定。

在大学期间，学生有许多机会参与国际文化交流活动，如各类讲座、比赛、国际交换项目和联合培养项目。这些活动不仅帮助学生了解国外的学术和教育动态，还可以拓宽他们的视野，提升他们的能力。因此，积极参与这些活动对于学生来说是非常有益的。通过这些交流活动，大学生可以学到更多知识，结识来自不同国家的朋友，拓展自己的人际网络，提升自己的综合素质。

（三）境外学校的选择

各国都有成熟的大学评价体系，如英国的 TFURS 排行榜、美国的华盛顿邮报排行榜和中国的上海交大排行榜。留学生可以根据这些排行榜结合自身专业和兴趣选择学校。选校不仅关乎教育品质，也关系到个人发展和未来职业。因此，深入了解学校的教学质量、师资力量、校园环境以及国际化程度至关重要。专业调查和学校官方网站是获取信息的好途径。综合考虑个人条件和目标，选择最适合的学府才能真正实现留学梦想，并为未来打下坚实的基础。

七、自主创业

自主创业是大学生毕业后选择用所学知识自主创办公司的一种就业模式。这种方式不是简单地去“寻求”工作，而是通过科技创新、社会服务或特长领域，与他人合作共同创业。大学生在这个过程中不仅能够充分发挥自己的专业知识和技能，还能够为社会创造更多价值。自主创业不仅是一种职业选择，更是展示个人能力和追求梦想的途径，拥有无限的发展潜力。

在激烈的就业竞争中，年轻人面临着巨大压力。因此，自主创业成为他们的选择之一。自主创业不仅解决了大学生自身就业问题，还能为其他人创造新的就业机会。创业并非少数人的专利，而是多数人的选择，尤其对于充满朝气的大学生来说更是如此。年轻人应该敢于挑战自我，追求梦想，勇敢踏上创业之路，为自己的人生增添更多可能性，为社会贡献更多价值。因此，各方应该共同努力，为年轻人创业提供更多支持和机会，让更多年轻人敢于创新创业，实现自己的梦想。

（一）大学生自主创业的优势和劣势

1．大学生自主创业与其他类群体相比，有其独特的优势

大学生怀揣着希望，在创业路上展现出初生牛犊不怕虎的精神。这些素质正是创业者所必备的。活力四射的大学生，正以他们的热情和锐意，努力实现自己的梦想，不惧未来的挑战。他们是创新的先锋，是引领时代潮流的生力军，将书写属于他们的光辉篇章。

大学生在校期间学到了许多理论知识，拥有高水平的技术能力，而当今最具潜力的职业领域便是创建高科技公司。技术的价值不言而喻，大学生创业通常会选择涉及高科技和高技术含量的领域，他们的优势在于“以智慧换取资本”。一些风险投资者往往会看中大学生所拥有的先进技术，因此愿意资助他们的创业项目。这种对技术创新的推崇不仅帮助大学生实现创业梦想，也为社会带来了更多创新和发展的机会。因此，大学生积极投身于创业，在高科技领域中闯出一片天地已成为一种趋势，也是大势所趋。

当代大学生拥有强烈的创新意识和挑战传统的信心，这促使他们勇于创业并取得成功。创新精神是大学生创业的关键动力，也是成功的基石。年轻人怀揣着创业梦想，努力奋斗，最终实现财富的积累。他们敢于冒险尝试，不畏失败，不断追求创新与突破。大学生创业精神不仅带动了个人的成长与发展，也为社会经济注入了新的活力与动力。他们的努力无疑将激励更多的年轻人积极投身创业浪潮，共同书写成功的篇章。

大学生自主创业有提升能力、积累经验和实践知识的好处，同时也是实现理想、展现价值的机会。创业让年轻人在实践中不断成长，为未来打下坚实的基础，同时也能实现个人价值和梦想。通过创业，他们可以学以致用，将理论知识转化为实际行动，为社会创造更多的价值。

2．大学生自主创业与其他群体比较，亦有不可忽略的劣势

大学生因社会经验不足，往往对创业持盲目乐观态度，缺乏足够的心理准备。在

面对挫折和失败时，许多创业者感到痛苦、茫然甚至消沉。以往他们只看到成功的一面，导致心态偏向理想主义。只有当年轻创业者看到成功与失败并存的市场，才能变得更加理智。因此，正确认识和接受失败是创业路上必经的过程，也是成长的必然阶段。通过经历失败，创业者能够总结经验教训，提升自身的抗压能力和应对危机的能力，从而更加从容地面对未来的挑战。成功与失败同在，只有真正理解并接受这一现实，年轻的创业者才能更加坚定地走向成功的道路。

大学生想要成功创业，需要具备市场意识和商业管理经验。他们可能掌握了理论知识，却缺乏实践技能和经营经验。急于求成会导致失败，应该注重提升实际操作能力。只有不断提升自身素质，才能在竞争激烈的商业环境中脱颖而出。

大学生缺乏对市场营销等领域的深刻认识，难以立即胜任企业经理人的职责。他们需要通过学习和实践不断提升自己的能力，逐渐适应职场挑战。

大学生对创业的理解局限于只有一个美妙的想法和概念。在他们提交的创业计划中，很多人试图用一个自认为独特的创意来吸引投资，但如今这种做法已经不再奏效。现在的投资人更加看重创业计划的技术含量、不可复制性以及市场赢利的潜力。因此，成功的创业不是凭空想象，而是需要有系统性、有前瞻性的计划。只有通过细致周密的规划和论证，才能吸引投资人的眼球，让他们愿意拿出资金支持创业项目。所以，不要只停留在想法阶段，而是要将想法变为切实可行的行动计划。

大学生在市场观念方面存在一定的淡薄现象，他们通常只关注自己技术如何领先与独特，却很少考虑这些技术或产品在市场上的实际表现。谈到市场时，他们更多地只想着进行广告宣传，却忽略了目标市场定位和营销手段的重要性。事实上，并不是所有先进的技术都能引起投资人的兴趣，相反，那些技术含量一般但能切中市场需求的产品或服务更容易获得投资人的青睐。因此，大学生创业者在准备创业项目时应该更加关注市场方面的问题，而不仅仅是关注技术的先进性。要想赢得投资人的支持，需要在市场营销方面下更多功夫，为投资人展示产品或服务在市场上的实际价值和吸引力，以确保成功获取资金支持和实现商业目标。

总之，大学生应正确认识创业的优劣势，克服消极心态，树立必胜信念；必备人才、资金和资源等创业基本条件；要根据形势灵活应对，发挥优势，避免劣势，敢于挑战，开拓前进；要吸取他人经验教训，少走弯路。大学生创业要全面提升自己的综合素质和能力，努力实现自己的创业梦想，不断追求进步，不畏艰难，实现个人价值和社会贡献的完美结合。

（二）国务院关于大学生创业的优惠政策

为了支持大学生创业，国家和各级政府纷纷出台各种优惠政策，涉及融资、开业、税收、创业培训等多个方面。这些政策旨在激发大学生的创业热情，帮助他们更好地实现创业梦想。

1．大学生创业税收优惠

高校毕业生在毕业年度内创办个体工商户、个人独资企业，可申请领取“就业创业证”，享受税收支持政策。持证者每年可减免城市维护建设税、教育费附加和个人所得税，每户每年限额8000元。此外，对于高校毕业生创办的小型微利企业，也可按照国家相关规定获得税收优惠政策。

2．创业担保贷款和贴息

鼓励和支持符合条件的大学生积极开展自主创业，他们可以在创业地依据相关规定申请创业担保贷款，贷款额度最高可达10万元。对于个人申请的创业担保贷款，如果贷款利率在基础利率上浮不超过3个百分点，财政部门将提供相应的贴息政策，以减轻大学生创业者的经济压力，推动他们更好地发展自己的事业。

3．免收有关行政事业性收费

毕业两年以内的普通高校毕业生选择从事个体经营时，可以在工商部门首次注册登记后的三年内，免除管理、登记和证照等行政事业性收费。这一政策旨在鼓励年轻人勇于创业，降低他们在创业初期的经济负担，为他们提供更多发展机会。

4．享受培训补贴

大学生创办小微企业是一种积极向上的行为，为了鼓励更多大学生参与创业，我国政府出台了相关政策。对于创办小微企业的大学生招用毕业年度高校毕业生并签订1年以上劳动合同、交纳社会保险费，政府将给予1年社会保险补贴的支持。同时，对于大学生在毕业学年内参加创业培训并获得相应资质证书或在就业、创业方面取得一定成绩的，政府也将按规定给予培训补贴的奖励。

5．免费创业服务

有创业意愿的大学生可以享受公共就业和人才服务机构提供的免费创业指导服务，涵盖政策咨询、信息服务、项目开发、风险评估、融资服务等“一条龙”服务。

6．取消高校毕业生落户限制

高校毕业生可在创业地办理落户手续，直辖市按有关规定执行。

7．创新人才培养

大学生创业者可以通过参与各地高校实施的“卓越计划”和科教结合协同育人行动计划等，获得丰富的资源支持。除此之外，他们还能够选择跨学科专业的交叉课程和创新创业教育实验班，拓宽自身视野和知识面。同时，新的跨院系、跨专业交叉培养模式的探索也为他们提供了更多可能性。

8．开设创新创业教育课程

创新创业教育课程大大拓宽了学生的知识视野和创业能力。同时，学校还为自主创业的学生提供创投基金、创业导师以及创业实践基地等支持服务，帮助他们更好地实现自己的创业梦想。这些资源和服务不仅让学生在创业路上受益良多，也为他们未来的职业发展打下了坚实的基础。自主创业大学生在这样的环境下，可以尽情展现自己的创造力和创新精神，努力实现自己的人生价值，并为社会发展贡献自己的力量。

9．强化创新创业实践

大学生在校园中有着丰富的创业资源可供共享，包括科技园、创业孵化基地、实验室和教学设备等科技创新资源。大学生可以参加各类创新创业竞赛，例如全国大学生创新创业大赛和技能大赛科技创新和创业计划竞赛等，从而锻炼和提升创新实践能力。此外，高校学生成立的创新创业协会和俱乐部也为大学生提供了一个实践交流的平台。在这些资源和平台的支持下，大学生可以充分发挥自己的创业潜力，实现自主创业的梦想。

10．改革教学制度

大学生自主创业是当前社会发展的重要趋势，各高校为了支持大学生创新创业，都建立了相应的学分累计与转换制度。这种制度允许学生通过参与创新实验、发表论文、获得专利和自主创业等活动来积累学分。此外，学校还将学生参与课题研究、项目实验等活动纳入学分制度，将这些实践经验认定为课堂学习的一部分。这种新的探索方式不仅激励了大学生的创新能力，也为他们将来的发展奠定了更加坚实的基础。

学校为有意愿、有潜质的学生提供创新创业能力培养计划，并制定创新创业档案盒、成绩单等客观记录，量化评价学生的创新创业活动。优先支持参与创业的学生转入相关专业学习。通过这些教学实践活动，学校致力于培养学生创新创业的能力，为他们的职业发展提供更多可能性。这些举措不仅可以激发学生的创新潜力，还可以帮助他们更好地适应未来社会的发展需求，成为具有实践能力和创新精神的人才。

11．完善学籍管理规定

大学生如果有创业意愿，可以在高校中享受弹性学制政策。这项政策包括放宽学生修业年限，允许学生调整学业进程，以及暂时保留学籍来休学从事创新创业等活动。

12．大学生创业指导服务

大学生自主创业时，可以得到来自各地各高校的全程指导和持续帮扶。地方和高校提供信息服务平台及时更新国家政策和市场动向，以及创业项目对接和知识产权交易等服务。在充分发挥各类创业孵化基地的基础上，各地因地制宜建设大学生创业孵化基地，并提供相关培训和指导服务。这些政策和服务为大学生创业提供了有力支持，帮助他们实现创业梦想并取得成功。

案例赏析

风华正茂，择业以梦：乡村支教之路的时代担当

在璀璨的人生征途中，每一位风华正茂的大学生都怀揣着瑰丽的梦想，肩负着时代的使命，而就业则是他们迈向未来的关键一步。如何在这个充满竞争与挑战的社会中找准自己的定位，实现个人价值的同时贡献于国家和社会的发展，是一个值得深思的话题。

小李是一名即将毕业的大学生，大学生活让他拥有了丰富的专业知识和满腔的热情，然而面对求职大军中的激烈角逐，他感到了前所未有的压力。

在一次职业规划讲座上，老师提到了“择业观”的重要性，这引发了小李深深的思考：自己究竟应该选择一份高薪的工作还是追求那份能让自己发光发热的职业？经过一番内心的挣扎与探索后，小李决定跟随内心的声音——投身到乡村支教这一行列中去。尽管这意味着放弃了城市的繁华与优渥的生活条件，但他坚信在那里可以找到属于自己的舞台，并为祖国的基础教育事业作出一点贡献。这个抉择不仅让他的生活轨迹发生了转变，也影响了许多偏远地区孩子的命运。小李的故事传遍了校园，引起了广泛的共鸣和讨论。

一些同学开始反思自身的价值观以及对未来的设想；老师则认为这是新时代下青年学子应有的担当精神的体现；家长也开始重新审视对于孩子职业选择上的期望。当我们把目光投向那些敢于逆流而上的年轻人时，不难发现他们身上散发出的独特光芒。

随着社会的进步与发展，我们需要更多像小李这样的青年人，他们在追逐梦想的路上既要有脚踏实地的决心，也要有仰望星空的情怀。只有这样，才能共同书写一个更加辉煌灿烂的时代篇章。让我们一起见证并支持这些勇敢追梦的年轻人，让他们成为引导时代前行的力量！

参考文献

［1］白卫红．大学生心理健康教育与咨询实务［M］．北京：原子能出版社，2022.

［2］方晓义，夏翠翠．大学生心理健康教育［M］．北京：人民邮电出版社，2022.

［3］黄立坤．心理要健康一生喜气扬［J］．健康向导，2017，23（5）：4—7.

［4］李冰．新时代大学生心理健康教育与指导研究［M］．北京：北京工业大学出版社，2018.

［5］苏婵娟．大学生入学教育与职业生涯规划［M］．北京：文化发展出版社，2024.

［6］武文，王洪娇，李甜．思想道德修养与法律基础实践教程［M］．青岛：中国海洋大学出版社，2020.

［7］王耀远．大学生入学教育［M］．西安：西安电子科技大学出版社，2017.

［8］袁旗．大学生入学教育手册［M］．西安．西北工业大学出版社，2022.